われ信ず

現代に生きる使徒信条

山下萬里

SYMBOLUM APOSTOLICUM

Credo in Deum Patren omnipotentem,
creatorem caeli et terrae,
et in Iesum Christum,Filium eius unicum
Dominum nostrum,
qui conceptus est de Spiritu Sancto,
natus ex Maria virgine,
passus sub Pontio Pilato,crucifixus,
mortuus, et sepultus,
descendit ad inferna(inferos),
terlia die resurrexit a mortuis,
ascendit ad caelos,
sedet ad dexteram Dei Patris
omnipotentis,
inde venturus est iudicare vivos et mortuos.
Credo in Spiritum Sanctum,
sanctam Ecclesiam catholicam,
sanctorum communionem,
remissionem peccatorum,
carnis resurrectionem,
et vitam aeternam. Amen.

信徒信條

我は天地の造り主、全能の父なる神を信ず。我はその独り子、我らの主、イエス・キリストを信ず。主は聖霊によりてやどり、処女マリヤより生れ、ポンテオ・ピラトのもとに苦しみを受け、十字架につけられ、死にて葬られ、陰府にくだり、三日目に死人のうちよりよみがえり、天にのぼり、全能の父なる神の右に座したまえり、かしこより来りて、生ける者と死ねる者とを審きたまわん。我は聖霊を信ず、聖なる公同の教会、聖徒の交わり、罪の赦し、身体のよみがえり、永遠の生命を信ず。アーメン。

われ信ず——現代に生きる使徒信条

もくじ

表紙装丁デザイン・神名部幸子

一　序論——今日、使徒信条をなぜ学ぶか

今日から使徒信条を一緒に学びます。

使徒信条は使徒の書いたものではありませんが、聖書の使信の要約として教会で重要視されて来ました。M・ルターはこれを高く評価して信仰そのものとまで言っています。彼は『大教理問答』『小教理問答』を作りましたが、使徒信条はその重要部分を占めています。これ以外に十戒や主の祈りが含まれていますが。その他、有名な信仰問答には『ハイデルベルク信仰問答』また、カルヴァンの作った『ジュネーブ教会信仰問答』がありますが、それらも大体同じ取り上げ方をしています。最近では、ペンツァクという人、この人はスイスの牧師ですが、『新教理問答』というのを作っています。これは問答形式ではなくて、読んできてもらって、それを中心に洗礼を受ける人と話し合うという形を採っています。これも使徒信条を中心に置き、主要なものとしています。

使徒信条が宗教改革の教会に重んじられたのには理由がありました。

使徒信条はずっと前からあったものですが、古くからある信条には主要なものとして三つの信条があります。一つはニカイアまたはニケア信条と言われるものです。二つ目はアタナシオまたはアタナシウス信条と言われるもの、それとこの使徒信条です。この三つが古代教会の主

要な信条です。そして、宗教改革の教会を古代教会と結びつけるものが使徒信条でした。

使徒信条を告白することは宗教改革の教会にとって自分たちは分派（セクト）ではなく、古代教会以来続いている〈信仰を告白する〉教会であり、一つの真の公同の教会の更新であると理解されることに最大の価値を置いたものでした。M・ルターは使徒信条を自分たちが分離したものではなく、古代から続いている信仰を告白するものであり、それを告白する限り、一つの真の公同教会である、と表明しているのです。

ところで、使徒信条は最初から今の形ではなく、文献的には五世紀頃にこの形となりました。三世紀半ばには、まず、ローマ教会で用いられていた信仰告白文『ローマ信条』と呼ばれたものと内容的にほぼ一致したものでした。多少の違いというか、ローマ信条の方が省略されている部分があります。〔次のような所です。ローマ信条は「我は全能の父なる神を信ず（「天地の造り主」が抜けている）。我はその独り子、イエス・キリストを信ず。彼は聖霊と処女マリヤより生まれ、ポンテオ・ピラトのもとに十字架に付けられ、死して葬られ、（「陰府に下り」がない）。三日目に死人のうちより甦り、天に昇り、父の右に座し、かしこより来りて生ける者と死ねる者とを裁き給わん。我は聖霊を信ず。聖なる（「公同の」がない）教会、罪の赦し、身体の甦り（「永遠の生命」がない）を信ず」と言うものです〕。

これは教会で用いられる洗礼告白文として作られたと言われています。洗礼告白文とは受洗者が受洗に際して、その信仰を表明するために用いるものでした。これはＡＤ一〇〇年をあまり下らぬ頃から用いられていたことは明らかですが、対象が受洗者だけでしたので、教会、それもローマ教会以外には知られませんでした。従って東方教会（今のハリストス正教会、ギリシア正教会など）はローマ信条を知りませんでした。

それ以前のことは分っていませんが、新約聖書のなかに洗礼告白文が無いわけではありません。使徒言行録八章には有名なフィリポがエチオピアの高官に洗礼を授ける所がありますが、その三七節は†印がついていて欠けています。使徒言行録の巻末に「八・三七は底本に無く、異本にこうある」と記しています。即ち、〔フィリポが「真心から信じておられるなら差支えありません」と言うと、宦官《かんがん》は「イエス・キリストは神の子であると信じます」と答えた〕。口語訳は文中に入れてありましたが、新共同訳は重要な写本に無いので最後に移したわけです。もっともな理由ですが、本文に入れておいた方が良かったのではないかと思います。さて、ここで書かれている「イエス・キリストは神の子であると信じます」というのが古い形の洗礼告白文であったと考えられています。

パウロの言葉にも同様のものが色々ありますが、その一つがローマ一〇・九以下にある「口でイエスは主であると公に言い表わし」という言葉です。このほかにもパウロの手紙の中には「イエス・キリストは主である」（フィリピ二・一一）、また、「イエスはキリスト（メシア）である」（使徒言行録九・二二）などが見られ、福音書では「イエスは神の子である」（マタイ一六・一六）と言われています。このような形が洗礼告白文の最も古く短いものでした。

こうしたことから使徒信条も一番初めの形は「父なる神、主イエス・キリスト、聖霊を信ず」という簡単なものであった、と想像されます。それがどうして今日のような形になったのか？ローマ信条と使徒信条を比較すると、ローマ信条に付け加えられた部分は異端との神学論争で増えた部分です。信条の成立には当時の教会の正統信仰を維持しようという意志が働いています。それがこういう信条となっていると言えます。

古代の三つの信条ですが、ニケア信条はＡＤ三二五年第一回ニケア総会議の際、制定されました。この会議は日本で言えば教団総会のようなもので、国の異なる色々な教会が集まって開かれました。この会議は、当時起こっていたアリウス派との論争に終止符を打つべく、コンスタンティヌス皇帝によって召集されました。それまであった迫害から、この皇帝の時にキリスト教は公認され、やがて国教となりました。彼はコンスタンティノポリス（今のイスタンブール）に都を移すつもりで、その前から教会・宮殿・美術館を造っていました。そこで、ここを中心にした東方教会（ローマ教会を中心にした西方教会と対比される）は急速に力を増してきました。そういう中で三世紀半ばに出てきたアリウスという人の教えが力を増してきました。彼は三位一体の教理、即ち、父・子・聖霊なる神とは神の三つの現われ方で一つのものであるという三位一体的立場を排し、子は神ではなく、子は始まりを持っている。即ち、創られたもの、始めに創られたものである、と強調しました。

この教説は東方では広く受け入れられましたが、西方では大きな反発を受け、非常な論争になりました。そこで、ニケア（現在のイスタンブールから東へ七〇キロ）という所で東西双方を集めた総会議が開かれ、結論を出すことになったわけです。この論争は一つの文字（i）を入れるかどうかの戦いであったと言われます。父なる神と子なる神は同質(homousious ホモウシオス）であるか、類質（homoiusious ホモイウシオス）であるか?・アリウスは類質という。つまり、似ているだけ。このiを入れるかどうかによって、父なる神と子なる神は同じ方であるか、または、子なる神は父なる神に似ているが同じではない、ということになるかが分れるわけです。言葉の問題のようですが、内容的には重要なことでした。この会議の結果、前者(同質論)が採用され、アリウスは異端となり、追放されましたが、この論争は後長く続きました。ニケア信条においてこのキリストの独一性、先在性、生誕性（被造物でない）が確認されたことになります。

ニケア信条では御子の所は次のように告白します。

我らは、唯一の主イエス・キリストを信ず。
主は父から生まれた神の独り子にして、父の本質より生まれ、神からの神、光からの光、真の神からの真の神、造られずして生まれ、父と同一本質であって、
天地の万物はすべて主によって創造された。
主は、我ら人類のため、また我らの救いのために降り、肉体を受け、人となり、
苦しみを受け、三日目に甦り、天に昇り、生者と死者とを裁くために来たりたもう。

（磯部理一郎訳『わたしたちの「信条集」』所収）

問題は、アリウスの教説もさることながら、コンスタンティヌス帝の態度にもありました。彼のキリスト教信仰理解は充分なものではなく、次第にアリウス派に傾いて行き、そこに西方教会と東方教会の勢力争いがありました。ニケア総会議の立役者はアタナシウスでした。会議は最初、アリウス派優勢のうちに進みましたが、やがて大勢はアタナシウスに傾き、アリウスは異端として追放され、紀元三二五年ニケア信条の制定となりました。ニケア信条は今日、主としてローマ・カトリック教会において重んじられています。

しかし、問題はこれで終わらず、アリウス主義に傾いたコンスタンティヌスはアタナシウスを追放し、混乱は更に続きました。コンスタンティヌスの没後、論争は繰り返され、四五一年のカルケドン公会議において新しい信条の確定を見ました。これがニケア・コンスタンティノポリス信条ですが、一般には、これをニケア信条と呼んでいます。

アタナシウス信条はニケア信条制定後にできましたが、アタナシウスの作ではなく、もともとローマ教会で用いられていたものです。成立年代は不明ですが、ＡＤ四五一年のニケア・コンスタンティノポリス信条より少し前に作られたと言われます。現在では、ルター派・カルヴァン派・聖公会で重んじられています。

こうしたことを長々と述べたのは、信条の制定には神学論争がかかわっており、そこに自分たちの信仰の立場を明確にしようという考えが働いていることを示したかったからです。

その外にも、ウエストミンスター信仰告白（長老派）、和協信条（宗教改革各派の協調のために作られた）があります。これらの信条は最初のものに比べて長くなっていますが、それは使徒信条が全てを表しているものではないからです。例えば、贖罪・義認という主要な教義は含まれていません。さらに、その時代の要請があります。こうして、教派の中には使徒信条以外に自分の独自のものを前文に加えるなどして、自分たちの信仰告白とするものが増えてきました。

日本基督教団の信仰告白もそうです。前文があり、その前文の終りに、「我らはかく信じ、代々の聖徒と共に、使徒信条を告白す」として、使徒信条が続きます。

逆に言うと、そこに使徒信条の超教派的な、エキュメニカルな性格があり、教派ごとのものはそれに独自のものが付加されているということで狭くなっていると言えます。使徒信条はカトリックから福音派までどこでも受け入れられるものです。ここに使徒信条の基本的性格があります。

私は日本基督教団の信仰告白を通常の礼拝では用いていません。それは長いとか独自性に疑問があるとかいうためではありません。たしかに、それとして独自な信仰告白です。従って、これを教会で用いると、教団以外の人が礼拝にきたときどうなるか、共に礼拝が持てないと感じるかもしれない。それは大変問題です。それゆえ教団の信仰告白は信仰の確認には必要だが、あえて礼拝では用いないでよいと考えています。

もっと簡単に、と言う人もいます。「イエスは主である」と言うだけで十分ではないか。これは便宜主義で言っているのではなく、例えばA・M・ハンターという学者が真剣にこれを取り上げています（『われらの救い主イエス』参照）。しかし、果して信条は必要か、という疑問もあります。事実、信条・信仰告白を持たない教会もあります。例えば、会衆派（旧組合教会）、バプテスト教会は持っていません。信仰の基準はないかというとそういうことではありません。ただ、使徒信条を告白することはないということです。

教団は色々な教派の寄り合い所帯であったので、最初は信仰告白はありませんでした。「教義の大要」というのがあるだけでした。

（参考）「教義の大要」

当時の日本基督教団規則第五条に次のように書かれている。

第五条　本教団の教義の大要左の如し。

イエス・キリストによりて啓示せられ、聖書に証せられたる父・子・聖霊なる三位一体の神は、その罪とその救いの為に人となり、死にて甦り給える御子の贖いにより信ずるものの罪を赦してこれを義としこれを潔め永遠の生命を与え給う。教会はキリストの体にして恩寵により召されたる者、礼拝を守り聖礼典を行い、福音を宣べ伝え、主の来たり給うを待ち望む者なり。

第六条　本教団は旧新約聖書をもって所依の教典とし、使徒信条その他の信仰の告白に準拠す。

一九四八年、教憲第二条が改正され、「使徒信条を告白し」が入れられ、「大要」は削除されました。教憲はその後二度の変更を経て、現在のものとなりました。

一九五一年、教団の中の旧日本基督教会系の教会で教団を離脱するものが出て、日本基督教会が設立されました。その理由は信仰告白のない教会は教会ではない、ということでした。信仰告白を持たないのは教会でないのか？　教団はショックを受けて信仰告白の制定に向けて検討に入りました。

そして、一九五四年、日本基督教団信仰告白が作られました。それまでは教団信仰告白というものはなかったのです。伝統的に信仰告白を持たない教会にとっては、これが大きな問題となりました。それはこの信仰告白がどれだけの拘束性を持つか、ということでした。これについて教団は必ずしも明確な線を示しませんでした。いや、示せませんでした。こうして今日でもまだ問題として残っています。

参考：日本基督教団信仰告白
我らは信じかつ告白す。

旧新約聖書は、神の霊感によりて成り、キリストを証し、福音の真理を示し、教会の拠るべき唯一の正典なり。されば聖書は聖霊によりて、神につき、救いについて、全き知識を我らに与うる神の言葉にして、信仰と生活との誤りなき規範なり。

主イエス・キリストによりて啓示せられ、聖書によりて証せらるる唯一の神は、父・子・聖霊なる、三位一体の神にて在し給う。御子は我ら罪人の救いの為に人と成り、十字架にかかり、ひとたび己れを全き犠牲として神にささげ、我らの贖いとなりたまえり。

神は恵みをもて我らを選び、ただキリストを信ずる信仰により、我らの罪を赦して義とし給う。この変わらざる恵みのうちに、聖霊は我らを潔めて義の実を結ばしめ、その御業を成就し給う。

教会は主キリストの体にして、恵みにより召されたる者の集いなり。教会は公の礼拝を守り、福音を正しく宣べ伝え、バプテスマと主の晩餐との聖礼典を執り行い、愛の業に励みつつ、その再び来たり給うを待ち望む。

我らはかく信じ、代々の聖徒と共に、使徒信条を告白す。（以下、使徒信条）

キリスト教の真理、聖書の真理の中心はキリストです。私たちは真理というと、定式化された条文、「使徒信条」のようなもの、あるいは信仰告白のようなものを考えてしまいます。もし、キリスト教は何を信じますか、と問われる時、「使徒信条を信じます」と言うと、それは形式的だが間違いではありません。しかし、そうなると、しばしば信仰が教理の知的承認にすり替わってしまいます。日本の教会の大きな問題はそういうことだと思っています。

私は聖書の真理は条文ではなく、キリストにおける救いの出来事と受け取りたい。信仰は知的承認ではなく、真理に出会うこと、キリストにおける救いの出来事に出会うこと、そこに信仰があります。従って、信仰は出会いの贈り物（注1）です。出会うなら、キリストの救いの出来事は私たちのうちにも起ります。そして、出会いは個々に違います。同じものではありません。私たちはそれを自分の内に作り出すことも他人に与えることもできません。そういう意味で、人を信条・信仰告白の文面に縛ることはできません。これが、信条は必要か、という疑問が起ってくる所以です。

多くの場合、信条・信仰告白の成立は自分たちを他の人々から識別するためのものでした。自分の信仰はあなたの信仰と異なる。そういう意味で、教団の信仰告白の独自性がどこにあるか。疑問が生じます。とは言え、私たちが出会うのはキリストにおける救いの出来事ですから、個人差があるとは言え、共通項もあります。その共通項がないと、あなたのキリストと私のキリストは同じか、という疑問が生じます。その共通するものを確認する時に、私たちは一体感を持ちます。教会は主観的信仰者の寄り集まり以上のものです。教会は共同体として自分たちの同一性を確認する必要があります。そこで、信仰告白は信仰内容の確立とともに共同体としての自己同一性の確認のために必要となります。ここに信仰告白の必然性があるのです。

そういう意味で私は使徒信条が最適と思います。使徒信条は教派的なものを超えてエキュメニカルなものであり、他の教派の人と同じ信仰に立っているということを表明するものです。ただ、念頭に置きたいことは、一つは如何なる信条も信仰告白も完全ではありません。今後もそうでしょう。私たちはそれ故に信条・信仰告白を絶対化するのは避けるべきです。神の業は人の言葉のなかに閉じ込めておくことはできません。大切なことはその背後にある生きた信仰、生命ある経験、出来事との出会いです。それがなくなり、言葉だけになれば言葉は死文化してしまいます。今一つは、如何なる信条も究極的なものではあり得ないことです。信条は信仰を定義するものでもありません。信仰に枠を作るものではありません。従って、神聖不可侵なものとすべきではありません。

私たちは使徒信条を信仰の確立と共同体の自己同一性の確認のために共に学びたいと思います。

私は、使徒信条が「我は……を信ず」と告白するのが好きです。これは私の信仰告白です。ここが「主の祈り」と違うところです。主の祈りは「我らの父よ。われらを……」と祈ります。同時にこれは礼拝において唱えられることに意味があります。一人一人の信仰が一つに合わされる時、その時にキリストの体である教会は共同体として存在することとなります。ここに使徒信条の深い意味合いがあります。これから一緒に使徒信条を学びましょう。

注1：山下萬里説教集上『出会いの贈り物』（ヨベル刊）所収「出会いの贈り物」参照。

二　我信ず

今日は一番最初の「我信ず」という所の話をしたいと思います。

日本語では「我は……を信ず」となっていますが、原文のラテン語では一番最初にクレドー（Credo）という言葉が来ます。これに対応するギリシア語はピステウオー（pisteuw）ですが、これも「我信ず」という意味です。ともに古い言葉ですがキリスト教の根底を示す言葉です。

そこで、私たちは先ず問うてみる必要があります。私たちは何故信じるようになったのか？最近では問いの形が変わってきて、「今日でも我々は神を信じうるのか？」と言う方が先にくるようになっています。それだけ色々な事柄が変わってきているのかも知れません。ここでは、私は何故信じるのか、という問いをしてみたいと思います。

今は多くの人々が神の存在を疑っています。「今日、神を信じうるのか」、という問いが出てくるのは、人間の知識・技術の進歩を思い浮べるからだと思います。かつては人間の願望の充足のために神を必要としましたが、今日そのような神は必要ありません。それは人間自身の努力で達成できるからだと言われています。確かに、そういう人間の願望の充足のために必要とされる神は存在しません。神はそのような方ではありません。ですから、「あなたが存在しないといっている神はどんな神か？」と問わねばなりません。相手がそれに答えないかぎり、そのような神は根拠がないことになります。もし答えれば、成程そんな神ならば存在しない、ということになります。

そこで、もう一つ問うてみたいと思います。

「あなたは人間が全て正しく、全てが可能だと思いますか。それとも、人間を超えた存在があると思いますか?」もし、前者、即ち人間は全て正しく、全て可能だというのであれば、その人は人生経験が未熟であるか、自分を偽っているかです。もし、後者、即ち人間を超えた存在があると思うのであれば、その人は神という言葉に懐疑的であっても信仰者と言って良いと思っています。

そして、多くの人は神を信じないと言いながら神が在すごとくに行動します。英国の話ですが、家のドアの上に蹄鉄をつり下げていると幸運がある、という言い伝えがあって、ある無神論者の家にそれがあった。そこでその友人が「君はそんなに迷信深いのか?」と言ったら、その人は「勿論、僕は信じていない。しかし、信じていなくても役に立つ」と言ったという。そういう行動はいろんな所で見られます。

また、ある人は大災害や戦争があると、「神が本当におられるならこんなことが起こるはずがないではないか」と言います。けれども、そうだとすれば、こういうことが起こるのはそれは自分の責任なのか、あるいは社会・行政の責任なのか、どうしようもない運命・偶然なのでしょうか。あるいは偶然というよりも自然の動きというべきかも知れません。

聖書には神の存在の証明というものはありません。何故ないのか。聖書の時代の人間にとって神の存在は非常に強烈に経験され、その御業は明らかに見ることができたからです。しかし、現代人はそれと違った反応をします。つまり、証明を求めるのです。それはあらゆる事柄についてそうなのですが、ある学説・仮説が出されると、それに対する証明が求められる。証明されて初めてそれが真理として成り立つという形を取ることになります。神についてもそう考えます。

もっともこれは現代人だけでなく、古代ギリシアのプラトン、アリストテレスも神の存在の証明を試み、その後も多くの人がそれを試みました。宇宙論的証明、目的論的証明、道徳論的証明などがあります。今、これらを述べる必要はありません。(賀川豊彦氏は宇宙論的・目的論的証明をしばしば試みましたが、私にはそれがあまり有効であったとは思われません。)

カンタベリー大司教アンセルムス(一〇三三〜一一〇九年)の有名な存在論的証明というのがあります。これは三つの段階から成っています。

第一に、神はそれより偉大なものを考えることのできない存在である。全てのものに勝って偉大である。

第二に、知性の中だけで存在する理念は、事実のなかにも同様に存在する理念ほどに偉大ではありえない。つまり、知性・理性のなかだけに存在する理念よりも、事実のなかにも存在する理念の方がはるかに偉大である。

第三に、従って、神は必然的に存在するものと考えられねばならない。

神より偉大な存在はないのだということを言っているわけです。

ところで、人間は有限で不完全なものです。従って、人間は無限なもの、完全なものを考えだすことはできません。私たちは自分の経験に限度があるから、その経験を超えたものを考えだすことはできない訳です。従って、無限・完全という存在の理念は人間の知性からは生じ得ないのです。これは神から提示されたものに他ならないのです。

アンセルムスの存在論的証明は有名ですが、彼はすでに神を考えることを神から提示されているのだ、と言っているのです。そこで彼は〝理解せんがためにわれ信ず〟Credo, ut intelligamという言葉を残しています。

このアンセルムスの論に対してベネディクト派のガウニノが『愚かな者を弁論する書』で反論していますが、これはアンセルムスが詩篇一四・一「愚かな者は心のうちに『神はない』と言う」（口語訳）――新共同訳はここを「神を知らぬ者は心に言う〝神などない〟と」と訳していますが、神を知らぬ者という訳は不適切で、原文は愚かな者のほうが正しい――の個所を用いて巧みに論じたのに対してなされたものです。アンセルムスはこれに反論を書いています。

ついでに言いますと、この愚かな者とは所謂愚者のことではなく、神はいないかのごとく行動する者のことを言います。

この愚かな者に「あなたは神を信じていますか」と問うと、「勿論信じています」と言うが、その行動においては神は存在しないかのごとく行動する。そういうことを考えますと、私たちも言葉では神を信じていますと言いますが、行動では神はいないかのごとくに行動することが多いと言えるでしょう。詩篇一四篇の愚かな者についてある人は「実践的無神論者」と言っています。

このことを述べたのは次の二つの理由によります。

一つは如何なる証明も必ず反論がある。従って、絶対的証明はありえない、ということを意味します。

二つには、それよりこのような証明はすでに神の存在を前提としているということです。これはアンセルムスが言っていることで、自分のなかに神を考えるということが起きるのは、すでにそれが神から提示されているからだ、ということになります。

私たちはここから、人間の思考によって証明されることで神の存在は確実になるものだろうか、証明された神は本当の神ではないのではないか、という問いに至ります。アンセルムスが信仰と理性、または知性との統合を図ったのは正しかったが、しかし理性をもって神を概念化することはできません。それは巻尺をもって宇宙を測ろうとするものです。従ってどのような形でも概念化された神は小さくなります。"Your God is too small" 私たちが理解していると思っている神は小さすぎるのです。神はそう言うものを遙か超えた方であると言うべきでしょう。従って、私たちは「神については私が全部知っているから教えて上げます」と言うことはできません。そういうふうに識っていると言う人の神は間違っているか、小さすぎるか、どちらかであります。この話を聞いて神様のことは分かりましたという人は違ったことを理解していることになります。こういう訳で神について思考することは必要ではあるが、極めて謙遜な業であるということになります。

とはいえ、人は様々な方法で神を探します。

その第一は自然の厳しさと荘厳において。

K・バルトが主イエスにおける啓示の絶対性を言い、自然神学について「否！」を主張をして以来、自然のなかに神を見出すのは間違いだという考えが教会の中で定説となりました。しかし、晩年のバルトは自然神学にもある位置を与えています。そして、それは聖書の主張でもあると言ってよいと思います。詩編一九・二～五では次のように詩人は歌っています。「天は神の栄光を物語り　大空は御手の業を示す。昼は昼に語り伝え　夜は夜に知識を送る。話すことも、語ることもなく　声は聞こえなくても　その響きは全地に　その言葉は世界の果てに向かう」。つまり自然が神を語っていると言う。これはローマの信徒への手紙一・一九～二〇にも出てきます。「なぜなら、神について知りうる事柄は、彼らにも明らかだからです。神がそれを示されたのです。世界が造られたときから、目に見えない神の性質、つまり神の永遠の力と神性は被造物に現われており、これを通して神を知ることができます」。ですから、そういう意味では自然を通しても神は知られるというのは聖書も示すところです。多くの人は自然の法則性・

整合性のなかに神を探ろうとしています。宇宙を見ると、驚くほどの整合性があり、それは法則性を持っています。

第二に、人間の歴史のなかの興亡・盛衰において。

私たちは歴史を造ると言いますが、人間は決して歴史の主人公ではありません。それは英雄的人物においても同じです。『太閤記』（吉川英治）や『徳川家康』（山岡荘八）を読むと、人間は何ものかにひきずられている、ということを感じます。辻邦生の『背教者ユリアヌス』を読むと、ユリアヌスはコンスタンチヌス皇帝の前の皇帝ですが、当時既に王室はキリスト教化されていたのですが、彼は皇帝になるとキリスト教以外の宗教を認め、これを復興させます。これを読んでもそういうことを感じます。また、トルストイの『戦争と平和』ではナポレオンの軍隊はロシアに攻め込み、首都ペテルブルグ近くまで軍を進めるのですが、そこで突然退却する。これは一般的には冬将軍のせいにされていますが、兵隊たちは急に向きを変えて敗走し、パリ近くまで退く。トルストイはこれについて、歴史を動かすものはロシアの将軍でもナポレオンでもなく、そこには何かそれらを超えた力が働いている、そういうことを彼は示しています。

私たちも人間の歴史の営みを見ると、人間の力でないものが働き、人間はそれに引きずられていることを感じます。

第三に、自己の心と本質の深みにおいて。

人間の心の問題は一番研究が遅れています。しかし、自分の、あるいは、人の心の深みを探ると、奥深い自分たちの知らないものがあるのに気付きます。そして、そこにも私たちを超えた何かが働いていることを認めざるを得ないのです。パスカルは数学者の立場を一擲して人間学に向かいます。そこで彼は人間の心の問題について深い洞察をしている訳ですが、その中で彼は神をはっきりと見出しているのです。但し、彼は人間学こそ多くの人が求めるだろうと思っていたが、人間学を学ぶ者は数学を学ぶ者より遙かに少ないと述懐しています。けれども、これらの探求はおぼろげな神の影を見出そうとするに過ぎません。

私たちが神を見出すことのできるのは神がご自身をお示しになる所でだけであります。それはどこか？　御言葉において、ということになります。

ただ、私はこのことのゆえに、あまりに聖書の講解に重点を置くことを警戒しています。なぜなら、このことが観念的キリスト者をつくることになってきたからです。信仰が聖書の知的理解と取り違えられることが起こったからです。〝御言葉において〟をそのように理解すべきではありません。E・ブルンナーは一九三八年『聖書の真理の性格』という本を出しました。副題は「出会いとしての真理」というものです。つまり、聖書の真理は理解すべきものでなく、出会うのだ、と。

彼がこの本を書くことを思い立ったのはヨハネによる福音書一・一七を読んだ時、閃いたと言います。「律法はモーセを通して与えられたが、恵みと真理はイエス・キリストを通して現れたからである」。彼はこの言葉に触発されて、聖書の真理は理解するのではなく、出会うのだ、出会いとしての真理だ、と言ったのです。

ついでですが、ブルンナーは初めK・バルトと共働していましたが、一九三四年『自然と恩寵』を出した時、バルトはこれは自然神学だと言い、これに対して「否！」と言ったのです。そして、ブルンナーと決別しました。バルトには使徒信条の講解が二つあって、一つは一九三五年『我信ず』です。ここで彼は「信仰は決断である」と言っています。次は一九四七年『教義学要綱』で、ここで彼は「信仰は出会いの贈り物である」と言っています。あとではバルトも自然神学にある程度の位置を与えたと言えると思います。

私もかつては「信仰は決断である」と些か肩肘張って言っていましたが、今は「信仰は出会いの贈り物である」と言うほうがぴったりと思っています。

ところで真理に出会うとは？

最初の質問に戻って、私たちは何故信じるようになったのか？　信仰は教え込むことも譲り渡すこともできません。従って、信仰の継承を、信仰を自分の子供たちに譲り渡すこととは考えていません。そんなことはできないのです。もちろん、それは聖霊の働き、主イエスの恵みと言ってもいいですが、もう少し具体的に言うと、信じている人がいたからではないでしょうか。両親・兄弟・友人・先輩等、場合によっては自分の子供、そういうふうに先ず信じている人がいて、私たちは信じるようになったのではないでしょうか。

そこで、そのことと御言葉―真理とどういう関係があるのか。私たちは真理というと教理的なことを考えがちですが、そういうものではありません。ヘブライ的思考では言葉は活動の主体なのです。つまり、言葉は言葉に終らず、出来事となる。これは旧約以来の聖書の考え方です。イザヤ書五五・一一にこう書いてあります。「そのように、わたしの口から出るわたしの言葉も　むなしくは、わたしのもとに戻らない。それはわたしの望むことを成し遂げ　わたしが与えた使命を必ず果たす」。これは雨と雪が天から降れば、再びもとに戻らない、という言葉に続いて述べられているのですが、イザヤが言おうとする事柄は言葉は言葉で終らない、言葉は出来事となる、ということなのです。私たちにとってこの出来事とはイエス・キリストにおける救いの出来事なのです。

出来事にならないような真理は聖書の真理ではありません。私たちはある人において実現している救いの出来事に出会う。それが、「信じている人がいたから」ということの意味なのです。信仰はその出会いの贈り物です。だから「信仰を与えられた」というのです。信仰は私たちが獲得するというものではありません。このようにして出会った者にとって、神は存在するものではなく、神は在す、と証言することができるのです。従って、そこには存在の証明ということは無用になります。何の力も持ちません。ヘブライ人への手紙一一・六にはこう書かれています。「信仰がなければ、神に喜ばれることはできません。神に近づく者は、神が存在しておられること、また、神は御自分を求める者たちに報いてくださる方であることを、信じていなければならないからです」。ここも口語訳の方が適切です。即ち、こう書いてあります。「信仰がなくては、神に喜ばれることはできない。なぜなら、神に来る者は、神のいますことと、ご自身を求める者に報いて下さることとを、必ず信じるはずだからである。」

ところで、この神に出会うということは主イエス・キリストとの出会いにおいて起るのです。このことは明らかにしておかねばなりません。それが、ヨハネによる福音書一・一四、一七、一八の言っているところです。「言《ことば》は肉体となって、わたしたちの間に宿られた。わたしたちはその栄光を見た。」そして、「いまだかつて、神を見た者はいない。父のふところにいる独《ひと》り子である神、この方が神を示されたのである」と言っているのです。従って、私たちが神に出会う、キリストに出会うというのではなくて、神が、キリストが私たちに出会われるのだということになります。

私は先程、信仰とは決断だと言いましたが、私たちの決断の前に神ご自身の無制限・無条件の愛の決断があって、その決断において出会うべく配慮されているのだ、ということになります。そこで、〝我信ず〟とは私は孤独ではない、私は配慮されているということなのです。つまり、神が私たちと共に在す、と言うことなのです。

もう一つ、〝我信ず〟とは自由ということと関連しています。真理は私たちに自由を与えます。信仰は自由に関わります。ヨハネによる福音書八・三二によると「あなたたちは真理を知り、真理はあなたたちを自由にする」。また、パウロはガラテヤの信徒への手紙五・一で「この自由を得させるために、キリストはわたしたちを自由の身にしてくださったのです」。さらに五・一三で「兄弟たち、あなたがたは、自由を得るために召し出されたのです」と言っています。

多くの人はこの自由を誤解しているように思われます。人々はこれを「何をしても良い」とは解釈していませんが、「罪からの自由」というように理解しています。それよりも、〃律法からの自由〃と思っているのです。しかし、それではこの意味を捉え損なうことになります。この自由は「律法からの自由」「罪からの自由」にとどまりません。かつてイスラエル民族は出エジプトを経験しました。これはエジプトの奴隷状態からの自由でした。しかし、それにとどまらず、同時に約束の地への自由であったのです。とはいうものの、約束の地は遠く、そこに至るまでに幾多の苦難を経なければなりませんでした。ただ、彼らは約束の地への自由、つまり、神の約束に信頼して固着する自由を得たのです。そのことが、彼らを約束の地へと導くことになりました。

私たちは自由という言葉を「――からの自由」というように把えていますので、誤解をしているのです。たしかに、自由は「――からの自由」なのですが、それにとどまっていません。それにとどまっているなら私たちは、やがて自由を失うことになります。自由というものを「罪からの自由」としてのみ把えるならば、やがて自由を失うことになるでしょう。

自由は「――からの自由」にとどまらず、「――への自由」を意味します。それは信仰への自由と言っても良いと思います。よく言われますが、「ねばならぬ」と言い表わされることが福音でしょうか。「ねばならぬ」とは律法であって福音ではないのではないでしょうか。私はそういう意味で自由ということにもっと注目すべきだと思っています。私たちが福音によって与えられているのは「ねばならぬ」ということでなく、自由なのです。「――することが許されている」ということなのです。例えば、私たちが信教の自由という時、外的なものが私たちに信じることの自由を保障するものだと考えています。たしかに、信教の自由は憲法で保障されています。しかし、信教の自由とは根底において、保障された自由によって成り立っているのではありません。信じることの自由は基本的に信仰において与えられているのです。それゆえにこそ、信じることとの自由は如何なることとのなかでも失われることはありません。信教の自由は人権に関わることとですが、単にこの面からのみ受け取られるとすれば、私たちはいつかそれを失うことになるでしょう。従って、〝我信ず〟とは私は孤独ではなく、徹頭徹尾配慮されている、という宣言であり、また、〝私は自由である〟という宣言でもあります。勿論、これは私たち自身の力で獲得したものではなく、賜物・出会いによる贈り物であります。

さて、この自由の内容は何か。

第一に、信仰とは信頼を意味します。

信仰という言葉に訳されるギリシア語ピスティス pistis は信頼・誠実・確証という意味があります。実はこれは「信じる」という動詞形ピステウオー pisteuw から出てきたのですが、このピステウオーという言葉には任せる、委ねるという意味があります。信仰は御言葉を聞くことから始まります。つまり、出会うのは御言葉に出会うのですから、従って、信頼は御言葉を聞くところに起ります。そして、御言葉に信頼して聞くことは御言葉に従うことを伴います。信じるとは、任せる・委ねることだからです。私たちはこれを聴従と表現します。

私は、さきに使徒信条は聖書そのものではないが、聖書の使信の要約されたものだ、と申しました。従って、「我信ず」と言う時、以下に述べられていることによって要約されている使信に信頼するということを意味します。

ところで、この世ではこの御言葉に反対する様々な事物があります。つまり、信教の自由が侵されるというような現実です。しかし、私たちは信頼する自由を与えられています。従って、私たちはこうしたあらゆる御言葉に反対すること、それが内的なことであろうと、外的なことであろうと、それら一切に逆らってひたすら徹底的に御言葉に固着することを許されているという形で、信頼する自由を持ちます。

勿論、私たちは信仰がぐらつくということがあります。懐疑に陥らない人は稀です。そして、その不信仰を恥じるでしょう。あるいは、自分で自分を駄目だと烙印を押すことでしょう。しかし、一度信じる人は決定的に信じるのです。なぜなら、洗礼を受けたものは「消えない印章」を身に帯びたことになるからです。「消えない印章」とは洗礼に対して与えられた教会教父たちの言葉です。洗礼の水は乾いて消えますが、そのことを通して神は私たちに消えない印を与えておられるのです。従って、信じる人は自分は洗礼を受けている、という事実、自分は徹頭徹尾支えられている、という事実に依り頼むことができるのです。私たちは不信仰を過度に重大に考えることはできません。大事なことは〃信じる〃という一事なのです。

第二は、信仰は認識を意味します。

認識とは理性の働きです。人間の理性や知性によって信仰へ、神認識へとはいたらないことは先程述べたとおりです。しかし、信仰は非理性的なものでも、反理性的なものでもありません。従って、理性で信仰を推し量ろうとした時代と共に、理性と信仰を分離した時代は悪しき時代です。

ただ、このキリスト教の認識は、私たちの理性にキリストの光が当てられた所に生じます。アンセルムスが「理解せんがために我信ず」と言ったのは正しかったのです。理性が光に照らされることはイエス・キリストとの出会いによって起ります。そういう意味で、私はキリスト教信仰に〃悟り〃と表現できるものがあると考えています。この悟る、という言葉は旧約から来ています。口語訳の新約では〃悟る〃と訳されている個所が幾つかありますが、その中でも重要なものは四つあります。いずれも、聴く、知る、認める、理解する、という意味を持っています。真理に関係する事柄では悟るということは、ある意味では非常に非理性的に見られますが、それは理性に対して光が与えられるということを意味しているのです。英語ではエンライトゥンメント enlightenment と言いますが、光が当たるということに関連しています。私がある所で、キリスト教の信仰にはただ理論ではない、〃悟る〃という所がある、と言いますと、そこにいた画家の人が、「画も同じです。画というものはカンバスに向かって何本も線を引くが、本当の線は一つで、その線はある時ハッと見つかる。それが絵を形づくる」と言いました。この話を合わせて、また、別の所で話をした時、居合わせた数学者が「それは数学も同じで、学生に何度説明しても分からない。それがある時、ヒョッと分る。数学も悟りだ」と言うのです。

この出会いにおいて、この理性が光に照らされることにおいて、私たちは自分自身の存在の意義、一切の出来事の根拠・目標を認識し、確信する自由を持つのです。ですから、私たちの存在やこの世の一切の出来事を今までと違った目で見ることになります。そして、それは信頼と結びついたものと言えます。

コリントの信徒への手紙Iの一・一八～三〇でパウロは神の知恵であるキリストについて述べています。三〇節で彼はこう言います。「神によってあなたがたはキリスト・イエスに結ばれ、このキリストは、わたしたちにとって神の知恵となり、義と聖と贖いとになられたのです」。パウロがここで述べているのは、キリストとの出会いにおいて私たちの理性に光があてられ、事柄を新しく見るようになる、ということを言っているのです。もう一つ、ヘブライ人への手紙一一・一～四にこう書いてあります。「信仰とは、望んでいる事柄を確信し、見えない事実を確認することです。昔の人たちは、この信仰のゆえに神に認められました。信仰によって、わたしたちは、この世界が神の言葉によって創造され、従って見えるものは、目に見えているものからできたのではないことが分かるのです」。最後の「分かるのです」という言葉は口語訳では

「悟る」となっているのです。

第三に、信仰とは告白を意味します。

このことはローマ一〇・九、一〇で明白です。「口でイエスは主であると公に言い表し、心で神がイエスを死者の中から復活させられたと信じるなら、あなたは救われるからです。実に、人は心で信じて義とされ、口で公に言い表して救われるのです」。この「公に言い表す」とは証しするという意味もあります。

公に言い表すということで、私たちは教会で洗礼式の時に行なう信仰告白を連想しますが、ここで言っているのはそういう意味ではありません。真理とはイエス・キリストにおける救いの出来事です。それに出会うなら、それは私たちにとっても出来事となる。それゆえに、それは言葉によると否とを問わず、内的におけると同様に外的にもあらわれざるをえないのです。そのことが、主イエスがマタイによる福音書五・一三以下、特に一四以下で「あなたがたは世の光である。山の上にある町は、隠れることができない。また、ともし火をともして升の下に置く者はいない。燭台の上に置く。そうすれば、家の中のものすべてを照らすのである。そのように、あなたがたの光を人々の前に輝かしなさい。人々が、あなたがたの立派な行いを見て、あなたがたの天の父をあがめるようになるためである」と言われていることの意味なのです。主イエス・キリストとの出会いにおいて私たちのなかに出来事となります。そのことが、私たちのなかの光でありますが、その光はあらわれざるをえません。また、それはあらわす自由を持っています。ですから、ここで主イエスは「あらわさねばならない」とか「世の光にならねばならない」とか言ってはいません。キリストに出会った者はその光に浴する、そして、その光に化せられるのです。それは現われずにおれない、ということになります。

従って、信仰とは告白を意味します。告白は教会のなかの言葉においてなされると同時に、この世の言葉においてもなされます。これは、私たちが〝証し〟ということを信仰を持たなければ理解できない、と受け取るべきではないことを意味します。それは通常の人間の言葉でなされる。同時に、それは言葉だけの事柄ではなく、私たちのこの世における様々な行状・生活においても現われてくることになります。あるいは、私たちにとって、この世に対する態度表明ということにおいても現われてくることになります。

そういう意味で、そのような形で現われない信仰はあり得ないと言えます。

一九世紀の霊的説教者として知られたスポルジョンはその説教の中で、ある時アメリカの南北戦争について言わざるを得ませんでした。ビリー・グラハムがベトナム戦争について一言も言っていないというのは残念なことと思います。

また、私たちの色々な行為・言葉というものは、それが証しであれば、あるいは告白であれば、私たち自身に何らかの痛みを覚えさせるものだと言えると思います。従って、私たちのうちに出来事となったイエス・キリスト、その光を覆い隠すことはできません。私は自分がイエス・キリストを信じていることをあまり言いたくありません、人に知られたくありません、と言う人がいますが、それは誤りです。私たちが信じていれば、それはあらわれざるをえません。もし、人の前で言いたくないという時は、私たちは自由ではないのです。何かを恐れているのです。そういう意味で信仰とは告白する自由を持つと言えます。こうして、私たちが「我信ず」と言う時、そのことがただ私たちの言葉、公式的に書かれた言葉として言いあらわされるだけでなく、そのことが私たちの生、キリストの真理によって生きるという生において、どのような意味を持つか、が何時も問われなければなりません。

次回以降、内容に入りますが、その事柄が私たち自身の生にとってどんな意味を持つかを問いつつ進めて行きたいと考えています。

三　我は天地の造り主を信ず

今日は、第一項の「我は天地の造り主、全能の父なる神を信ず」の〝天地の造り主〟について学びます。

不思議なことに、古い信条は「天地の造り主」という告白を持っていませんでした。第一回の時に紹介した「ローマ信条」——これは三世紀に用いられていた洗礼告白文ですが——は「我は全能の神を信ず」あるいは「全能の父なる神を信ず」というようになっていました。もっと古い信仰告白は「我は神を信ず」というだけだったと思われます。しかし、「天地の造り主」はありませんでした。そこで、ある人は、使徒信条を学ぶときは「全能の神」から始めるのが正しいと言います。第一回の時お話したニケア信条（ＡＤ三二五年）は、最初に発表されたときは、「我らは全ての見えるものと見えざるものとの創造者にして、全ての主権を持ち給う父なる唯一の神を信ず」となっていました。そこでも、「天地の造り主」という言葉はなかったのです。しかし、後の会議で、この部分が加えられ、「我らは、天と地と全ての見えるものと見えざるものとの創造者にして……」となりました。このことは、初代教会においては、天地創造の神よりも終末論的観点の方が強かったということを示しています。

このことを思うと、使徒信条が「天地の造り主」と告白したことは非常に深い意味があると言えます。

この使徒信条の言葉、「天地の造り主を信ず」は創世記一・一に基づいていることは言うまでもありません。そこには、「初めに、神は天地を創造された」と書いてあります。

イスラエル民族は天と地ということでどういう概念を持っていたのでしょうか？　本筋から離れますが、あとで絡んでくるので一寸述べておきます。

創世記の中には、一章一節の記事と並んで、もう一つ、二章四節後半から創造の記事が始められています。二番目の創造の記事では、「地と天」というふうに言葉の逆転だけでなく、述べられているのは「地」のことだけで、「天」のことは述べられていません。

余談になりますが、旧約聖書の最初の五書をモーセ五書と言いますが、この内、申命記は独特な律法書なので他の四書とは全く違った人物ないしはグループの書いたものと見なされており、D資料（律法のDeuteronomiumの頭文字を取った）と呼びます。その作者ないしグループがヨシュア記・士師記・サムエル記上下・列王記上下をまとめたと考えられているので、これらを申命記的歴史と呼んでいます。

一方、創世記・出エジプト記・レビ記・民数記の四書には二つの資料が交じり合っており、一つは、神の名をヤハウェと呼んだのでJ資料、もう一つは、神をエロヒムと呼んだのでE資料と呼んでいます。これは、本来、別々の資料なので書いた人も場所も年代も異なると推定されています。

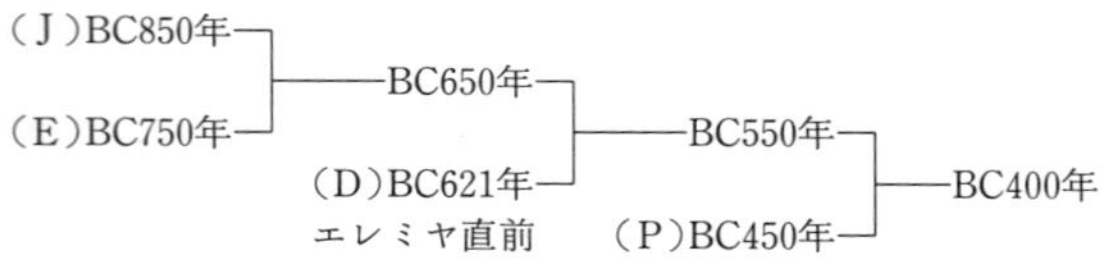

最初にJ資料、次にE資料が作られた

この二つは深い関係にあるが、まとめたものは全く違うグループ。これを一つにしたのが650年。

これとDを一つにしたのが550年頃。

さらに、Pを含めて全部をまとめたのが400年頃。

しかし、面倒なことに、この二つをまとめた人物ないしグループがあって、まとめるに当たって少し手を加えました。従って、本来の「J」または「E」を単にくっつけ合わせたのではなく、そこにその編集者の考え・思想・信仰が加わってきているわけです。このグループは祭儀に関心があるので、祭司グループと考えられています。そして、頭文字を取って、P資料と名付けられています。

これを分かりやすく図示すれば、上のようになります。

現在、私たちがもっている旧約聖書はこのようにまとめられたものです。それぞれの資料は考え方がそれぞれ違いますが、それを跡付けることは可能になっています。何故こういうことを言うのかと言いますと、J資料という一番古い資料には明確な天と地という概念を持っていなかったと言えます。もちろん、天の存在は信じられていたし、天を神の住み給うところという理解はありました。しかし、天と地についての宇宙論的概念はなかったのです。創世記二・四以下の記事はそのことを示しています。「地と天を造られたとき」とだけ書かれて、地上のことしか出てこないの

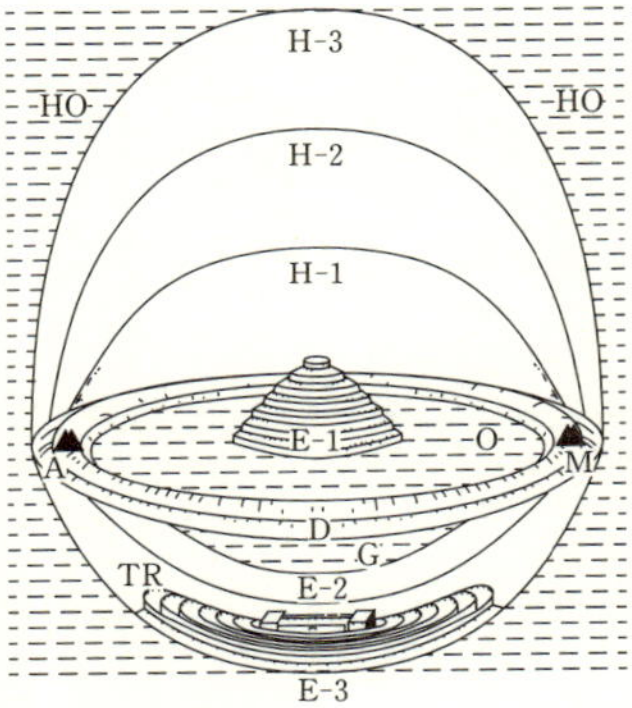

バビロニアの世界像（B.Meißner による）
E1.世界山　E2.-3.　7段の階層構造をなす陰府の宮殿（TR）の地下界　H1.-3天界　HO 天の海　O 大海〔地上の海〕G 大海の基底（水輪）　D 外輪　M 東方（日の出の山）　A 西方（日没の山）

ヘ ブ ル 人 の 宇 宙 像

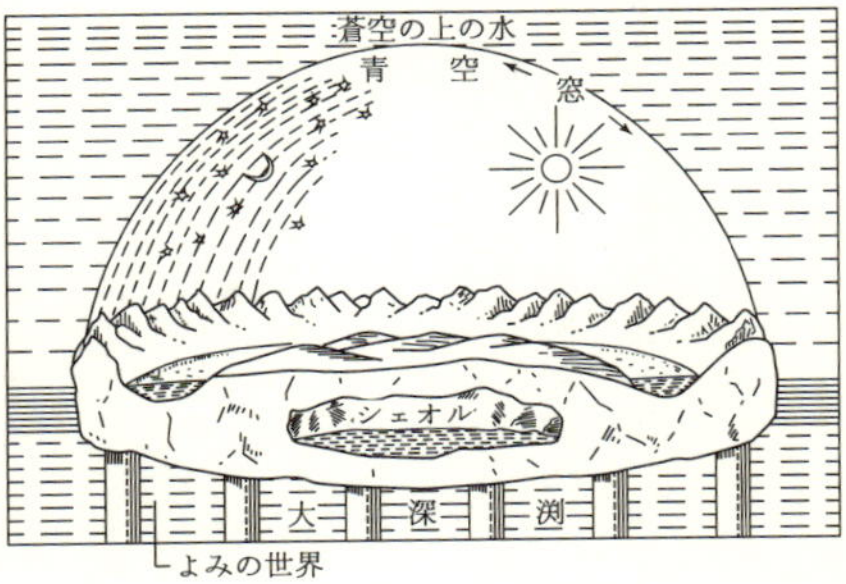

（創Ⅰ：6-8，7：Ⅱ，8：2）

はそういう訳です。それに対して、一章の天地創造記事は明らかに古代オリエント、特に、バビロニアの宇宙論・世界像を反映しています。これをヘブル人の宇宙像と並べて図示すると次のようになります。

上図の左側がバビロニアの宇宙像、右がヘブル人の世界・宇宙像です。

ヘブル人の宇宙像をみると、大地は平たく、その上に天がお碗を伏せた様に被さり、天の上にも水があり、地の下にも水があります。「シェオル」とは陰府の世界のことと考えられています。太陽と月は天蓋を伝わって、東から出て、西に沈む。星は天蓋に張りつき、天蓋には所々に穴が開いて、そこから天上の水が雨となって降ってくる、という訳です。

創世記七章のノアの洪水の記事を見ると、「P」と「J」とが分かち難く結びついている所ですが、違った所もあります。「P」に属する所には「天の窓が開かれた」(一一節)とありますが、これは「J」にはありません。これは「J」はこういう天と地との宇宙論的概念を持っていなかったことを示しています。「P」にして初めて、「天の窓が開かれた」という表現が出てきます。

創世記一章の記事は「P」に属しています。「P」が資料としてまとめられたのはBC四五〇年頃で、これと他の資料とが結び付けられたのがBC四〇〇年ということなので、これはバビロン捕囚帰還以降のこととなります。従って、もとにあった「E」がこの様な概念を持っていたかどうかは分かりませんが、「P」にはバビロニアの宇宙概念を受け入れる下地はあったといえるでしょう。捕囚以前の文書にはこういうバビロニア的宇宙観の反映はありません。イザヤ書の中でも、第一イザヤ(一~三九章)の中には見られません。第二イザヤ(四〇章~)には見られます(四〇・一二、二二ほか)。ただ、第一イザヤでも一か所、三四・四に「天は巻物のように巻き上げられ」とあります。しかし、ここは捕囚後の編集とされています。

こういうことを言いましたのは、「天地の造り主」と私たちが言うときに、こういう宇宙論と結びつけて理解すべきではない、と言いたかったからです。この様な表現は新約聖書にも受け継がれています。例えば、マタイによる福音書二四・二九以下で、ここはイエスの終末預言のところですが、次のように書かれています。「その苦難の日々の後、たちまち太陽は暗くなり、月は光を放たず、星は空から落ち、天体は揺り動かされる」と、宇宙論的表象を用いています。

また、ヨハネ黙示録八・一〇には「第三の天使がラッパを吹いた。すると、松明《たいまつ》のように燃えている大きな星が、天から落ちて」とあります。しかし、新約では、終末論的意味合いで新しい天と新しい地とが来る、ということが中心となって書かれているのです。キリスト教会でも神が天に在すということが信じられてきたことは事実です。しかし、今、私たちはこの大空の彼方に、あるいは、どこかに神が在《いま》すとは信じられなくなっています。

それでは、天とは何か？

この天という言葉を旧約の時代の人々はただ単に上の方というふうに見ただけではありませんでした。これは地と相対する概念で、地は人間にとって認識可能な領域であるとすれば、天は人間の認識不可能な領域を意味しました。従って、私たちが「天に在す神」というとき、それは「隠れたるに在す神」ということを意味します。しかし、正に〝在す〟のです。

八木重吉の詩に「天に　神さまがおいでになるとかんがえた　むかしのひとは　えらい」というのがあります。とても良い詩だと思っています。そういう意味で、「天に在す」ということは驚くべきことと思います。

天は神ではありません。天を神とするのは汎神論的信仰です。ですから、創世記が「神は天と地を創造された」というとき、あるいは、使徒信条が「天地の造り主」と告白するとき、それは天も地も被造物に過ぎないということを意味します。そのことは、一切の偶像の廃棄でもあります。私たちは、ヘブライ人への手紙一一・三「信仰によって、わたしたちは、この世界が神の言葉によって創造され、従って見えるものは、目に見えているものからできたのではないことが分かるのです。」という言葉を覚えさせられます。私はその意味で、ニケア信条が「われらは天と地の全ての見えるものと見えざるものの創造者」と告白したことはよく理解できます。レヴェニッヒという神学者がこの「見えるものと見えないもの」とは見える現実と見えない現実と理解すべきだ、と言っていますが、そのことも合わせて私たちは覚えさせられます。

このことは、存在している全てのものは神が造られたものである、ということを表しています。創世記は一章で「造る」「創造する」という言葉を特別な意味で用いています。もともと、この「創造する」と訳されている言葉は同じ系列の言葉としては、芸術家の創作活動を表現しているものでもありますが、旧約聖書では、神の創造活動についてだけこの言葉を用いています。そして、ここで、そういう意味で、「つくる」は「作」でなしに、「造」の字を使うことに注意してよいと考えます。

また、この一章の所で、素材についての記述は全くありません。つまり、ここでは「無」からの創造の考えを含んでいるのです。パウロがローマの信徒への手紙四・一七で「死者に生命を与え、存在していないものを呼び出して存在させる神を、アブラハムは信じた」と言うとき、彼は旧約における創造の神の信仰を正しく理解していたというべきでしょう。ただし、ここのところは、口語訳のように「無から有を生みだした」と言う方がもとの意味に沿っています。「存在していないものを呼び出して存在させる」とは違って、「無」からの創造というのが背景にあると言うべきであります。

さて、私たちが「我は天地の造り主を信ず」と告白するとき、

それは私たちにとってどういう意味を持つのでしょうか?

第一に、このことによって、私たちのみならず一切のものの存在の根拠が与えられていることになります。カトリック神父井上洋治氏の『人はなぜ生きるか』という本の中に「私にとっての神」という一章があります。そこで次のようなことを書かれています。「或る人から神は何処に居られるのか」と問われた時、「神様はさわることもできないし、目にも見えない。何処に、と問われても困る」と答えると、更に「強いて言えば何処でしょう」と聞かれ、井上氏は「強いて言えば、後か下でしょう」と答えた。それでも「天に在《いま》す我らの父よ、と祈るのだから、上でないでしょうか」と聞かれた。話は展開していきますが、氏はそこで、私たちにとって神は対象としての神(前とか上とか)、宇宙のなかに存在の場所を持って居られる方ではなく、全ての存在を支える根底・根拠ではないか、と言っています。私もそう思います。

このことは、私たちが神様に対して呼びかけることができるということと矛盾するものではありません。一人の人格的存在として私たちが呼びかけ、神が答えられる。更にそれに対して私たちが応答するという関係を否定するものではありません。しかし、このことは私たちにはなかなか会得しがたい、あるいは、体得しがたいところです。八木重吉の詩に次のようなのがあります。

きりすと
われにありとおもふはやすいが
われみづから
きりすとにありと
ほのかにてもかんずるまでのとほかりしみちよ
きりすとが　わたしをだいていてくれる
わたしのあしもとに　わたしが　ある

自分のなかにキリストがいらっしゃることは分かるが、自分がキリストのなかにいるということはなかなか感じられない、ということを彼は言っているのです。

この所を使徒信条は「我は天地の造り主を信ず」と言い切っている訳で、この信頼・認識から二つのことが導き出されてきます。

一つは、全ての被造物、存在している一切のものを存在させているのは神なのですから、私たちは全ての被造物に対して畏敬の念を持つ、ということです。今、世界に環境破壊をもたらしているのはキリスト教の責任であり、その背後にある聖書が悪い、という乱暴な議論があります。それは創世記一・二八によります。「産めよ、増えよ、地に満ちて地を従わせよ。海の魚、空の鳥、地の上を這う生き物をすべて支配せよ」。これは非常に強い言葉です。そこで、先のような議論が出て来るわけですが、しかし、環境破壊は近代の科学技術の発達の結果であり、むしろ、人々がこのために創世記一・二八を都合のいいように解釈・誤解・悪用したというにすぎません。

ただ、私たちはもう一度、「天地の造り主を信ず」という創造の神への信仰に正しく立たねばならないことは事実です。そして、この二八節の「地を従わせよ」という言葉は〝神の御心に従って〟ということを含んでいるのです。また、「全てを支配せよ」という言葉は、〝全てに所を得させる〟という意味になります。従って、人間が全てのものを人間の思い通りにしてよいとか、そういうことを意味しているのではありません。

もう一つは、自分自身についてのことです。

私たち自身を存在せしめているのは神です。私を私として存在させ、あのひとをあの人として存在させているのは神です。この存在は全く個別です。同一のものはありません。しかし、人はそれに評価を付けようとします。だが、創世記の示すところは、あらゆる被造物にただ「全てが良い」と言われていることです。

神は色々のものを造り、それを見られて「全ては良い」と言われたのです。これ以外にいかなる評価も聖書にはないのです。「全てが良い」と言われたのですから、そこには「こちらの方が尊い」とか、「こちらが劣っている」とかいう判断は全くありません。このことは人に対しても同じで、聖書は神に造られたということに一切の根拠を置いているのですから、このこと以外によって評価を行なおうとすると、必ず差別が生ずることとなります。松山市にある知恵遅れの子どもの通園施設「あゆみ学園」を私が一九六〇年に始めたとき、なぜこの様なことをするのかということに対するたった一つの理由は、この子たちも神によって造られたかけがえのない尊いものである、ということだけでした。この子たちは神によって造られたものとして扱われなければならない。その意味は、今日は私たちには分からないけれども、そのように扱われねばならないということでした。もし、私たちが神に造られたということ以外に評価の基準を置こうとすれば間違うことになります。こういう子たちも神に造られたということ、従って、尊ばれねばならないと思わせられたのです。

それ以上に、人は相手を自分の思っている物差しで評価しようとします。このことは、私たちを傷つけ、不安に陥れ、時には自分もその評価を自分に当てはめて、あせったり、落ち込んだりします。しかし、私を私として存在させておられるのは神です。天地の造り主です。そう私たちが信じるとき、私たちはこのままで存在することに勇気を与えられます。私を私として存在させる方がおられる。そのことに気付くとき、私は誰彼のようになる必要がない、と気付いたとき、初めて、「天地の造り主を信ず」ということが、私を私としてこのように存在せしめておられる神のゆえに、私に存在する勇気を与えることとなります。

石川正一君は筋ジストロフィーを患って、二〇歳までの命と宣告された青年でした。彼が転げ回る苦悩を体験しながら、その中で到達した信仰の理解はこの様なものでした。「自分の意志で生まれ、望んで筋ジストロフィーになったわけではない自分とは、存在させられた存在である。従って、自分が生きる価値・値打ちは自分や人が決めるのではなく、自分を存在させた神がなさる問題だ。だから、完全燃焼しきれない自分の存在にも生きる資格があるとすれば、そんな自分を承知の上で許し、生きる役割を与えてくださる神様公認の存在だからである」。これが彼の信仰理解でした。つまり、彼も自分を存在させておられる方を信じるということを通して、存在する勇気、喜びを与えられたのです。

第二に、造り主は造られたものに対して、意図と意志を持っているということです。造られたものは造り主の意図の上にのみ存在しています。従って、存在するものはどんなものであれ、意味を持っています。無意味に存在するものはない、と言い得ます。たとえその意味を現時点では見出し得なかったとしても、なお意味を持っているものと見なければならないし、そのように受け取らねばなりません。

何故なら、この意味とは、自分が自分で作りだすものではなく、他の人によって与えられるのでもなく、創造において与えられているところのものだからです。このことは創世記一章の創造の記事に出てくる「神はお造りになったすべてのものを御覧になった。見よ、それは極めて良かった。」（三一節）という言葉に表されています。

神の評価は私たちの評価とは関係ありません。それは美的判断でも、有効性ということでもありません。この「良い」と訳されている言葉は、その造られたものが合目的性を持っているということ、目的に適っているということ、従って、相応しいという意味を持っている事柄なのです。詩編一〇四・三一で詩人はこう訴えています。「どうか、主の栄光がとこしえに続くように。主が御自分の業を喜び祝われるように」。後半の「主が御自分の業を喜び祝われるように」と言うことは、神の「はなはだ良かった」という喜びが永遠に続くように、ということであります。

従って、人は神が与えられた自らの意味を見出さねばなりません。そして、その意味を生きなければなりません。それは人生全般についてだけではなく、そのときどきにおける私たちの在り方にもかかわってきます。その意味は神の被造世界全体に対する意味と合致し、その意味のなかに正しく位置付けられている限りにおいて意味を持つ、ということになります。それが、前述の創世記一・三一に言われている事柄の意味するところでした。

さらに、このことは造られたもの全てに及びます。造られたもの全てに対して、人は特別な役割を与えられています。何故なら、これらのものは人によって意味を奪われる可能性を持っているからです。そこで、人は神の意図に従ってこれらの造られたものの意味を見出すことを求められています。それが、「地を従わせよ。」という言葉の意味であり、「全てを従わせよ」「所を得させよ」ということの意味でもあります。

このことは、私たちをもう一つの認識へと導きます。それは、神は創造を神の喜びとしてなされた。一つ一つを見て、良しと言われ、また、全てを見て、それは極めて良かった、と言われたことの背後に、神の喜びがあります。神はこの喜びに全てのものを与らせようとされています。そして、神の形に造られた人をしてその神の創造の業に与るものとされます。従って、創造は神の賜物（ドイツ語でGabe ガーベ）でありますが、同時に、そのことは私たちにとって課題（Aufgabe アウフガーベ）でもあるのです。神は被造物が御自分の意図に対して忠実に応答し、喜んで従うようにと招きながら、これに向かって語り続けておられるのです。天地の造り主を信じる、ということが、私たちにとって課題を与えられていることであるならば、私たちはいつか神の前に立ってこの課題について報告しなければなりません。

このことは二つのことを表しています。

一つは、神は造られたものを御自分と結びつけておられる、ということです。神は造られたものに対して何の責任も持たれないという方ではありません。神は造られたものを放置なさらない。造られたものがどうなろうと構わない、という方ではありません。このことに対してどこまでも配慮されることを意味しています。

同時に、もう一つのことは、造られたものが御自分の意図に反して在ることを許されない、ということです。それを見過ごし、あるいは、見捨てることはなさらないのです。従って、聖書は、そのことのためになされた神の驚くべき配慮を示しています。罪の結果、人は神の意図から外れる訳ですが、神は別の方策を建てられます。それが、創世記一二章以下に記されているアブラハムにおけるイスラエル民族の選びということです。更に、イエス・キリストにおける新しい神の民、キリストのエクレシアの選びということです。

このことにおいて、私たちの一回限りの人生は深い意味を獲得することとなります。私たちは神によって存在の意味を与えられ、その課題を果すことによってその意味を全うすることとなります。石川君は二三才七ヵ月の生命を保ちましたが、彼は自分の信仰理解について次のように書いています。

「生きるとは、信仰生活とは、神から与えられた役割を祈り求め、たとえ不完全であっても完全燃焼をめざすこと。」

そして、彼の最後は筋ジストロフィー患者として生きぬくこと、そのことを彼は全うしました。多くの人が彼の生きざまに共感し、感動し、そのことが、更に彼の生を支え、文字通り完全燃焼しました。

この信仰ゆえに、私たちは信じます。生命というものが神の賜物であり、従って課題であるならば、私たちはいつか神の前で報告しなければならない。しかし、私たちに恐れはありません。神はその人の業績の大きさによって評価されるのではないからです。

マタイによる福音書二五・一四以下のたとえで、イエスは五タラントン預かって五タラントン儲けた者も、二タラントン預かって二タラントン儲けた者も同じ評価を受ける、と言われています。このようにして、私たちはこの信仰に支えられて歩むのです。即ち、コリントの信徒への手紙I一五・五八にこうあります。

「わたしの愛する兄弟たち、こういうわけですから、動かされないようにしっかり立ち、主の業に常に励みなさい。主に結ばれているならば自分たちの苦労が決して無駄にならないことを、あなたがたは知っているはずです」。

石川正一君は死の前の正月、こういう詩を書いています。

わたしの身体に自由が失われても
神さまの書かれた台本にしたがい
地上という名の舞台で
雄々しく生きてゆく
それを演じるのがわたしの役割
新春の幕は開かれた
神の用意したドラマの
クライマックスを精一杯に

第三に、天地の造り主によって造られたものには驚くべき調和と秩序があります。創世記一・三一によれば一つ一つについてこれは良かったと言われただけでなく、神は、神の造られた全てをご覧になって「見よ。それははなはだ良かった」と言われました。従って、そこでは合目的性とともに、造られた全てのものを相互に結びつける法則性があります。神の言葉は私たちにとっては恵みであり、慰めであり、生命の糧であると共に、命令でもあります。造られたものは、それ自体勝手に任されているというものではありません。しかし、この命令は要求し、束縛する命令ではなく、祝福し、助ける命令です。造られたものを生かす命令であり、それが私たちを本当の意味で自由にします。

そう思うと、この「天地の造り主を信ず」という言葉の持つ意味は大変大きい、と言わねばなりません。それはただ単に全てのものの起源を示すだけではなく、全てのものを包んで存在せしめている、その神の意図・意志を思わせられます。最近、モルトマンという神学者が生態論的創造論ということを提唱していますが、創造の言葉を宇宙全体の生態論的立場で捉えるということはこれを霊的に捉えることだ、と彼は理解しているのです。

「天地の造り主を信ず」ということが正しく認識されなければ、救済論、即ち、救いについての教義もありません。使徒言行録の中にいくつか使徒の説教が記されていますが、その中に二つの注目すべき説教があります。

一つは、一四章一五節以下。リストラでパウロとバルナバが神にされそうになったとき、そこで彼らは私たちもあなたたちと同じ人間だと言い、神はあなたたちに語りかけておられる、と言い、最後にこう言います。「神は過ぎ去った時代には、すべての国の人が思い思いの道を行くままにしておかれました。しかし、神は御自分のことを証ししないでおられたわけではありません。恵みをくださり、天からの雨を降らせて実りの季節を与え、食物を施して、あなたがたの心を喜びで満たしてくださっているのです」。(一六、一七節) これは創造論です。

もう一つは、一七章二二節以下にあります。パウロはアテネでの説教でこう言います。「世界とその中の万物とを造られた神が、その方です。この神は天地の主ですから、手で造った神殿などにはお住みになりません。また、何か足りないことでもあるかのように、人の手によって仕えてもらう必要もありません。すべての人に命と息と、その他すべてのものを与えてくださるのは、この神だからです。神は、一人の人からすべての民族を造り出して、地上の至るところに住まわせ、季節を決め、彼らの居住地の境界をお決めになりました。これは、人に神を求めさせるためであり、また、彼らが探し求めさえすれば、神を見出すことができるようにということなのです」(二四〜二七節)。

私はこういう意味で、天地の造り主を信じる、ということが告白されることは非常に重要なことと考えています。

とくに、日本のような異教世界ではこのことが正しく述べられ、正しく信じられることが重要なことではないでしょうか。

四　我は全能の父なる神を信ず

今日は第四回になりますので「全能の父なる神を信ず」について学びたいと思います。

第一回の時に言いましたが、三世紀半ばのローマ教会で用いられていた洗礼告白文いわゆる『ローマ信条』、その時から「我は全能の父なる神を信ず」――「天地の造り主」はなかったのですが――があったので、この「全能の父」という言葉はキリスト教会の歴史と同じぐらい古いと言ってよいのです。

この二つの言葉、即ち「全能」と「父」は切り離すことができません。神の全能は父なる神としての全能です。父なる神は同時に全能であられます。このことの意味は後で述べますが、このことをしっかり心に留めて、先ず、父なる神について学びたいと思います。

私たちはこのように使徒信条において「父なる神」と呼ぶときは、直ぐに第二項「主イエス・キリスト」と第三項「聖霊」と結びついているのです。つまり「父なる神」はいわゆる三位一体的表現なのです。三位一体はキリスト教の重要な教義なのですが、これを理解するにはいささか困難があります。「父なる神」「子なる神」「聖霊なる神」この三位が一体であるということです。

第一回目にニケア信条の制定のことについて述べましたが、それはアリウス派との論争の結果と申しました。アリウス派はこの三位一体を否定して、子は神ではないと言いました。ニケア会議はアリウス派の教義を退けて、ニケア信条の三位一体の教義を確定しました。ここでは、「子なる神」を告白し、「父なる神」と「子なる神」は切り離すことができない。かつ、質が似ているだけでなく同質であるということを確定しました。しかし、その後も三位一体的信仰は度々揺さぶりを受けました。一言でいえば、五世紀までの教会は三位一体の信仰を守ることに努力し、そのことがアタナシウス信条を生みだしました。このアタナシウス信条についても第一回の時に基本的な信条として申しましたが、この信条は三位一体を強調しています。それを強調するためにアタナシウス信条ができたといってもよいのです（注：アタナシウス信条が正統化されたのは三八一年コンスタンティノポリス教会会議による）。アタナシウス信条はこう告白しています。

「唯一の神に三位あり。三位は一体なり。三位を乱さず（混同すること無く）、一体を分たずして（本質を分離することなく）礼拝することとなり」。

「父の位格あり、子の位格あり、聖霊の位格あり。しかも、父も子も聖霊も神たること一つなり。その栄光は等しく、稜威（みいつ）限りなし」。

今日、アタナシウス信条は聖公会で重んじられていますが、聖公会を別名、聖三一教会と呼んでいます。

何故、三位一体の教義が理解に困難であったかと言いますと、この言葉は聖書にはないからです。ないと言っても三位一体的表現は繰り返し聖書に出てきます。代表的なものは、コリントの信徒への手紙II一三・一三にこうあります。「主イエス・キリストの恵み、神の愛、聖霊の交わりが、あなたがた一同と共にあるように」。礼拝の時の祝禱はここから取っています。また、マタイによる福音書二八・一九に「あなたがたは行って、すべての民をわたしの弟子にしなさい。彼らに父と子と聖霊の名によって洗礼を授け」とあります。これはイエスの大宣教命令と言われています。これは今日も洗礼式の時に用いられています。従って、三位一体的信仰は聖書のできた初めからある、と言えます。もう一つ、ペトロの手紙I一・二に定式化されていませんが、次のようにあります。「あなたがたは、父である神があらかじめ立てられた御計画に基づいて、〝霊〟によって聖なる者とされ、イエス・キリストに従い」と三位一体的表現が用いられています。ところで、ニケア信条の話の時に言いましたが、AD三二五年第一回ニケア会議が開かれたのはアリウス派との論争に終止符を打つためでした。アリウスが〝子〟は神ではないといったのを排してニケア信条ができました。そして、その後、これを強調する形でアタナウシウス信条が取り上げられたのです。これは大事なことなのですがあまり「子なる神」という面を強調すると、人としてのイエスの面が薄くなります。

近代になって人間イエスに対する関心が高まると共に、「子なる神」イエスについての関心は薄くなりました。イエスは神であると言わなくなりました。こういうわけで三位一体について語られることは大変少なくなりました。しかし、その結果、キリスト教信仰は一種のヒューマニズムに変質してしまう恐れが生じます。

もう一つは、聖霊の重視、敢えて言えば、過度の重視ということです。聖霊は非常に重要な教理です。

この問題の発端はマリアに対して「神の母」という称号を与えようとしたことです。この称号は三世紀の初めに東方教会で用いられ、一般のキリスト者のなかに広まりました。これに反対したのがネストリオスです。理由はこの称号はキリストの人性に反する。だから、「キリストの母」と改めるべきである、と言うのが彼の主張だったのです。また、神の母という言葉は母なる神になる恐れが十分にありました。ところが、ネストリオスに対する反発が強まり、AD四三一年エフェソ会議では彼は破門され、「神の母」という称号が教会で正式に決まりました。ネストリオスとそれを支持する人々は一派をなし、東方へ移ってそこで伝道しました。中国の景教はその流であると言われています。そして景教は空海にも法然にも影響を与えたとされています。

このことが後のカトリックにおけるマリア崇拝に結びついてゆきます。実は、この神の母論争よりもこれに伴って起きたことの方が問題だったのです。

イエスの人性を主張するとイエスは神ではないということになる。そうすると人間イエスは何によって神性を得られたのか、ということが出てきます。ネストリオスはそれを聖霊としました。イエスは聖霊によって生まれ、聖霊によって公生涯を始められました。洗礼を受けられたとき、聖霊が鳩のように降り、それによって神の子とされた。このような聖霊の強調は聖霊を与えて下さる主イエスよりも、聖霊の受け手としてのイエスが強調されることとなり、私たちも聖霊を受ける道が開かれることとなります。これが聖霊のバプテスマを強調する人々の拠り所です。しかし、ここでも三位一体の神を語ることが少なくなります。そして、このことはややもすると、私たちの罪の意識を希薄にし、イエス・キリストの十字架における救いを曖昧にします。これが今日、聖霊派と呼ばれる人々のなかに起こっている事柄です。

三位一体の教理が理解されにくいということは、一つには三人の神があるように思われることです。しかも、三人が一人ということは理屈に合わない。初期の教会で三位一体がしばしば論争を起こしたのはそのためと思います。第二には位（位格）と記されている言葉はラテン語のペルソナ（persona）という言葉で、ここから英語のパーソン（Person）が出てきます。人々はこれを人格と理解しました。しかし、人格という言葉で表された概念ほど三位一体の神を表わすのに不適当なものはありません。「ものみの塔」は三位一体に反対して神・キリストに人格があるが、聖霊は人格ではない。一人の人が三つの人格を持つなどということになるとこれは大変なことです。「ものみの塔」は全く聖書の意味を知らない、あるいはねじ曲げているのです。このペルソナという言葉は存在の様式を示す言葉です。それが人格という意味を派生しただけなのです。ですから、三位一体の神とは、唯一の神が父・子・霊であられるという存在の様式を持っておられる、ということを示しています。唯一の神をその本質において捉える時に「父なる神」として捉えられ、この世において見える形として現れ給う時に「子なる神」として現われ、教会の内に、また私たちの内に働き給う時に「聖霊なる神」と呼ぶのです。

この三つの存在様式は何処から何処までが、というように区別はできません。「父なる神」は「子なる神」に内在しておられます。「子なる神」を見ることは「父なる神」を見ることであり、「聖霊なる神」は「父なる神」からも「子なる神」からも発せられるということになります。

そういう点から言うと、私たちは普通〝天にいます父よ〟と祈りますが、〝主イエス・キリストよ〟と祈っても、〝聖霊よ〟と祈ってもよいことになります。私が国分寺教会にいたとき、他の派に属する画家の人が時々祈禱会にきて、この人は真面目な人でしたが、〝主イエス様〟と祈られ、なるほど、と思いました。〝聖霊様〟と祈る人もいますが、これも決して間違いではありません。

以上のことを言いましたのは、私たちが「父なる神を信ず」と言った時、それは「子なる神」主イエス・キリストや「聖霊なる神」と全然別のことを言っているのではないということを覚えていただきたかったからです。

主イエスは神を父として啓示されました。ご自身の父としてだけでなく、私たちの、あるいは、私の父として示されました。ルカによる福音書一一・一以下に、弟子たちが祈られる主イエスの姿を見て、私たちにも祈りを教えてくださいと言うと、主イエスはこう祈りなさいと言って「主の祈り」を教えられた、とあります。「主の祈り」はマタイ六・九以下にもありますが、マタイの方が今日の「主の祈り」に近いということは、ルカが元の形を伝えており、祈りを教えられた場面もルカの方が正確と思われます。

この時、主は祈る時こう言いなさいと言って、「父よ」と言われた。ここで用いられているのはギリシア語のパテールという言葉でこれは単純に〝お父さん〟ということです。その由来はアラム語のアバ（新共同訳ではアッバ）においていることは明らかです。この〝アバ〟という言葉は幼児が父を呼ぶときの言葉です。マルコによる福音書一四・三六ゲッセマネの祈りでイエスは〝アバ〟という言葉をそのまま使われています。そして、弟子たちにそう呼ぶようにと教えられたのは確かです。だからこそ、パウロはローマの信徒への手紙八・一五で「この霊によってわたしたちは『アッバ、父よ』と呼ぶのです」と書くことができたのです。この他にも、ガラテヤの信徒への手紙四・六にこう書かれています。「あなたがたが子であることは、神が、『アッバ、父よ』と叫ぶ御子の霊を、わたしたちの心に送ってくださった事実から分かります」。

これがどんなに驚くべきことであったのか。それは旧約におけるユダヤ人の神概念を知ることによって、初めて理解することができます。旧約でも神が「父よ」と呼ばれているところがないわけではありません。しかし、それは民族の父、イスラエルの父であり、個人の父と呼ばれることはなかったのです。それは旧約の続編ではじめて出てきます。

旧約の神概念は、**第一に聖なる神です。**

〝聖〟とはカードーシュと言いますが、これはもともと分離・隔絶を意味します。従って、人間は神に近付くことは許されず、またその方法もありません。全く分離・隔絶しているのです。従って、イザヤがイザヤ書第六章で言っているように、神の姿を見たものは滅ぼされるのです。それが〝聖〟という概念なのです。神学者はこれを絶対他者と記しています。〝聖なる〟とは神秘性とか、きよらかさとは関係がありません。

第二は、旧約の神は絶対的な権威であります。

それの典型的な例はエレミヤ書一八・一〜一一にあります。エレミヤは陶器師の家で陶工の仕事を見るように神から言われます。陶工は手に粘土を取り、それで器を作ります。彼は満足しないと押し潰し、再び粘土の塊として別の物を作ります。粘土はそのことにかかわることもなく、何の権利もない。エレミヤは神はそうすることがおできになる、ということを示されるわけです。

第三は、神は逆らうことのできない力の神である、ということです。

旧約は至る所で圧倒的な力で迫り給う神を示します。讃美歌一五番に「誰かは逆らう――」とあるように。神はノアに対し、アブラハム・ヤコブ・ヨセフに対し、また、モーセに対し、更に預言者たちに対してそうでした。それよりも、「天地の造り主」という告白そのものがそのことを示しています。だから、ヘブライ人への手紙一〇・三一に「生ける神の手に落ちるのは、恐ろしいことです」と言われています。これは旧約的神概念からきている言葉と言ってよいと思います。

これに対して、この神が父として示されたのは誠に驚くべきことです。私はこれは決して人間の発案ではない、と感じています。

ロダンに『神の手』という彫刻があります（ニューヨークのメトロポリタン美術館にある）。大理石で造られたもので高さはあまり高くありません。神の手の中に半分造られた人間アダムとエバがあるものです。リュティというドイツの牧師がこれを見て、戦慄が走る、本当に恐ろしいと思った。その思いの中にいるとき、後ろの方で声がして「ああ、神の手ですね。」という安堵に満ちた声がした。振り向くと、中年の農夫らしい夫婦がいて、さも安心したようにその手を見つめていた。それにリュティは非常に心を打たれました。「生ける神の手に落ちる」ということは旧約的ですが、その神を、「父よ」とイエスが呼び給うことを示されたのは本当に驚くべきこと、と言わなければなりません。

ところが、この父という概念は今日、主イエスがそう呼ばれたときから大変歪められてきました。私の先生の田崎健作牧師から聞いたことですが、先生がある集会に呼ばれて話をしたとき、始めに責任者から「神は天の父である」という話はしないでほしい、と言われた。何故かというと、ここでは不幸な家庭に育ったものが多く、父というと飲んだくれで乱暴でしようのない人間と思っている人が多いので、天の父というと自分の父親を思い出してしまうから、と言うことだった、と言うのです。これは如何に父という概念が私たちの持っている父という概念で損なわれているかを示しています。つまり、私たちは自分自身が父という言葉に伴う概念で、神が父であるということも規定してしまうことになります。自分の中にある父性と理解しているもの、自分の父親に対する関係で理解していると思っているものを神に移して考えてしまいます。しかし、神はそれとは違います。

神が先ず父であられます。真実、本来の父性は先ず神においてある。そこから、私たちが人間の間で父性として知っているものが出てくるのです。勿論、私たちは前もってそのことを知っているのではありません。従って、ヨハネによる福音書一・一八で「いまだかって、神を見た者はいない。父のふところにいる独り子である神、この方が神を示されたのである」と言われている通りです。また、同じく一四・七に「あなたがたがわたしを知っているなら、わたしの父をも知ることになる」、一四・九に「わたしを見た者は、父を見たのだ」とあります。つまり、主イエス・キリストが啓示されたところによってのみ父は知られるのです。神が父であることが初めて示されるのです。それ故に、私たちはイエス・キリストが神を父と示された事柄に根ざさなければなりません。

もう一つの困難は、父という言葉の持つ一般的な概念の変化です。私たちのころ、戦前生まれの人々にとって父は怖い存在でした。最近の小学校六年生の調査では、父は怖いものの中に登場していません。これは、父権の衰退というよりも、家父長制の崩壊と言った方が良いかも知れません。従って、神を父、または男性という言葉で示すことは家父長制、ないしは男性優位の社会から来たもの、というように見なされます。そこから、「父なる神」という呼び方を否定して、「父なる・母なる神」と呼ぼうという主張も出てきました。所謂フェミニズム神学と言われるものです。言わんとするところは、男性原理で切り離されてきたものの結合ということ、そして、全体性でみるという立場です。

それでは、神をどう呼ぶべきか。

旧約においてもおそるべき権威を持ち給う神と共に、慈愛に満ちたやさしい神が示されています。新約では後者が色濃く現わされていると言えるかもしれません。これらのことを含みながら、主イエスが神を父と呼ばれたこと、特に、〝アバ〟と呼ばれたことに拘らざるをえません。それはただ神を父と呼ばれたこと以上に、深く私たちと神との繋がりを示しています。そして、どのように慈愛に満ちたやさしい神が示されたとしても、恐るべき権威を持ち給う神は覆い隠されるべきではないのです。

私たちはこのような意味を憶えつつ、「父なる神を信ず」と告白することになります。そして、このように告白するとき、私たちは自分たちが神の子とされていると信じるのです。

イザヤ・ベンダサンの『ユダヤ人と日本人』の中に、〝是非なき関係〟と〝水臭い関係〟という所があります。この中で十分の一税（献金）を神の源泉徴収と言っていますが、これをSというユダヤ人が払っている。彼は家計がピンチになり、三度の食事を二度に減らしても税を納めねばならない。そこで、友人の日本人の夫人が「それほどまでしなくても良いではないか」、と言うが、彼はそうではないと言う。そこで、夫人が、「無いときは仕方がないのだから、有る時に埋め合わせればよい」と言うと、彼は言う。「では、あなたが銀行員であるとして、金の無い時、預金から借りて、有る時、返したらよい、と言うことか。私たちが神を主と信じるとはそういうことだ」と言う。

そこで、日本人は「ユダヤ人の神は水臭い」と言う。「これは日本人には分からないだろう。水臭いのは養子縁組だからだ」とベンダサンは書いている。自分たちは神の子ではないが、契約によって神の子としていただいた。だから、守らなければ契約を解除され、離縁されてしまう。水臭いようだが言われたことは守らなければならない、というわけです。ユダヤ人の趣旨としてはそうかも知れませんが、私たちは違います。だが、私たちもどうかすると、この養子縁組的感覚を抜けきれないでいることはないでしょうか。

ヨハネによる福音書一・一二、一三にこう書いてあります。「しかし、言《ことば》は、自分を受け入れた人、その名を信じる人々には神の子となる資格を与えた。この人々は、血によってではなく、肉の欲によってではなく、人の欲によってでもなく、神によって生まれたのである」。だから、主イエスはニコデモに言われます（ヨハネ三・三）。「はっきり言っておく。人は、新たに生まれなければ、神の国を見ることはできない。」（三・五）「だれでも水と霊とによって生まれなければ、神の国に入ることはできない。」これは決して養子縁組ではありません。

勿論、私たちが神の子とされているのは、神の独り子において、また聖霊によってです。それは神の恵み、また神の決意です。私たちはその事実により頼むことができます。だからこそ、さきに言いましたように、パウロがローマの信徒への手紙八・一四、一五に記したように、怖れなく〝父よ〟と呼ぶのです。

さて、使徒信条はこの「父なる神」は「全能」であると告白します。

神は無力な方ではない。イザヤ書四六・一～一三でイザヤはバビロンの偶像の無力を嘲笑っている部分がありますが、その終わりの所でこう言います。一〇節「わたしの計画は必ず成りわたしは望むことをすべて実行する」。一一節「わたしは語ったことを必ず実現させ、形づくったことを必ず完成させる」。一三節「わたしの恵みの業を、わたしは近く成し遂げる。もはや遠くはない。わたしは遅れることなく救いをもたらす」。

天使ガブリエルはマリアに告げます。「神にできないことは何一つない」（ルカ一・三七）。また、主イエスも言われます。「それは人間にできることではないが、神は何でもできる」（マタイ一九・二六）。つまり、神は無力な方ではない。しかし、神は力自体ではありません。力自体は良くも悪くもないのです。K・バルトは「力自体は悪魔である」と言います。力自体のなかに悪魔性が潜んでいることを心に留めて置く必要があります。私たちが偉大な力に憧れ、驚き、畏敬の念を抱くとき、その悪魔性は姿を現すのです。

神は全能ですが、力自体ではありません。従って、神は悪いこともできるか、という問いはナンセンスです。神の全能は目的と方向を持っています。神は、救いを意志し、祝福を与えることを約束されます。そして、神はそれを計画し、完成されます。つまり、神の全能はその方向と目的に向って働く全能なのです。私たちは自分の無力を感じ、挫折し、暗い思いになったりします。しかし、その時、私たちは神の全能を果して信じているだろうか、と問われるのです。神は私たちが自分の無力を感じている中でも全能であられるのです。

ある時、ルターが宗教改革の事業に行き詰まりを感じていました。その時、妻のケティが喪服を着て現れました。ルターはびっくりして、「誰が亡くなったのか」と彼女に聞く、ケティは「神様が亡くなられました」と答えた。ルターが、「神様がお亡くなりになることなどないではないか」と言うと、ケティは、「でも、あなたは神様がお亡くなりになったような顔をしています」と言った。ルターは笑いだして、「私が悪かった」と言ったと言います。

私たちも、つい、そうなってしまっているのではないでしょうか。

神の全能は救いと祝福に向って働く全能です。その全能は〝父〟と結びついています。全能は父としての配慮の下に働きます。「全能」と「父」とはこのように切り離すことができません。パウロはこのことを信じていました。それゆえに、こう言います。ローマの信徒への手紙八・二八「神を愛する者たち、つまり、ご計画に従って召された者たちには、万事が益となるように共に働くということを、わたしたちは知っています」。これは、全能の父なる神に対する信頼に基づいていることを表わしています。従って、もはや、地上の如何なるものも「この神の愛から、わたしたちを引き離すことはできないのです」とパウロは八・三九で言うのです。

ハイデルベルグ信仰問答は、「父なる神について」という中で、神の摂理という言葉を用いて、こう答えています。

問二七　神の摂理とは何である、と思いますか。

答　それは、神の全能なる、今働く力であります。その力によって、神は天と地と、すべての被造物をも、御手をもってするごとく、保ちまた支配してくださり、木の葉も草も、雨も日照りも、実り豊かな年も実らぬ年も、食べることも、飲むことも、健康も病気も、富も貧しさもすべてのものが、偶然からではなく、父としての御手によって、われわれに来るのであります。(竹森満佐一訳)

これが摂理の意味です。そして、その背後に、〃全能の父なる神〃が在《いま》すのです。

「全能の父なる神を信ず」と、告白するとき、私たちは

逆境にあっては、信頼をもって忍耐し

順境のときには、謙虚に感謝し

未来については、神の約束に希望をおき

思い煩うことなく、祝福を信じて働き

愛の業に生きれば良いのだ(ハイデルベルク信仰問答、問二八の答から)

と、悟ることになります。

これが、私たちが「全能の父なる神を信ず」と、告白する言葉の中にこめられている意味なのです。

五　我はイエス・キリストを信ず

私たちはここで使徒信条の中心に入ろうとしています。中心ということは、この第二項が使徒信条の真中に置かれているということ、また、一番長いということだけではありません。イエス・キリストこそキリスト教信仰の根幹であり、基盤であるからなのです。キリスト者とはキリストを信じる人のことであり、キリスト教信仰告白とはイエス・キリストに対する信仰告白であります。

私たちは第一項〝神〟を学んだわけですが、第一項を本当に理解するには第二項の〝光〟によらねばなりませんし、第三項〝聖霊〟についても第二項の光に照らされて初めて理解できることになります。ヨハネによる福音書一・一八に「いまだかつて、神を見た者はいない。父のふところにいる独り子である神、この方が神を示されたのである」とあります。ここは、この次のこととも関係がありますが、心に留めておく必要があります。更に、ヨハネの手紙Ｉ四・二、三に「イエス・キリストが肉となって来られたということを公に言い表す霊は、すべて神から出たものです。イエスのことを公に言い表さない霊はすべて、神から出ていません。」とあります。ヨハネ福音書の方は、第一項がイエス・キリストの光に照らされて示されることを示し、ヨハネの手紙の方は、イエスを言い表さない霊は聖霊ではないことを示しています。そして、その前（一節）で「どの霊も信じるのではなく」と言っています。聖霊も、それがイエス・キリストを言い表わすかどうかで聖霊とわかる、と言うのです。このことは聖書についても言えます。

ある人は聖書を楕円にたとえています。楕円には焦点が二つあります。聖書にも焦点が二つあり、一つは神で、神はいかなる方であり、人に対して何をなさり、何をなさろうとしているかを示している。もう一つは人で、人は本来いかなる者であるか、どのようにあったか、更に、どうあることになるのか、が記されていると言います。そのように焦点は二つある。神と人です。しかし、中心は一つで、それはイエス・キリストなのです。この二つの焦点は中心であるイエス・キリストからの光によってのみ明らかになります。イエス・キリストの光によらなければ事柄は曖昧なものになってしまいます。

こういう話があります。富士見町教会で植村正久牧師から洗礼を受け、その後高倉徳太郎牧師の牧する戸山教会の中心となった征矢野晃雄（そやのあきお）という人がいました。この人は、東京帝国大学で宗教哲学を学び、更に東京神学社で神学を学んで、今の東京神学大学の前身である日本神学校などで宗教哲学などを教えた人ですが、一九一〇年（明治四三年）九月、求道者であった彼は受洗試問会で植村牧師から「神はどこにおられるか」と問われた。その時、彼は「神はキリストの方向に在《いま》し給う」と答えた。植村はその答えに目を細めたと言います。征矢野は後年、このことを回想して「思えば、当時は何も分からずに返事をしたが、言葉の上

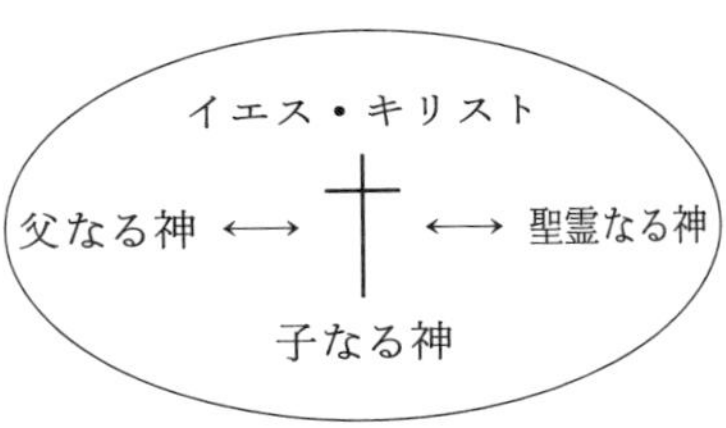

楕円を図解すると左のようになります。焦点は「父なる神」と「聖霊なる神（人がいかなる人になるかは聖霊の働きによる）である。中心は「子なる神」。子なる神の光で父なる神も聖霊なる神も分る。中心を除くと意味を持たない。

から言えば当たっていたと思う」と言っています。

キリスト教の最初の信仰告白はフィリピの信徒への手紙二・一一が示しています。「すべての舌が、『イエス・キリストは主である』と公に宣べて、父である神をたたえるのです」とあります。「イエス・キリストは主である」となっていますが、原文は三語「主・イエス・キリスト」（Kyrios Iesus Christos）となっています。イエス・キリストが主語で、主が述語ではないのです。三つが並んでいるのです。

使徒信条はこれを中心にして、これに第一項と第三項が加わっているのです。従って、私たちにとってはイエス・キリストをどう捉えるかが重要となります。マルコによる福音書八・二七以下にイエスの一行がフィリポ・カイザリアに行かれた記事があります。ここは当時は外国といってもいい所でした。ここで、主イエスは弟子たちに問われます。「人々はわたしのことを何者だと言っているか」。弟子たちは口々に、「『洗礼者ヨハネだ』『エリヤだ』『預言者の一人だ』と言っている」と言います。マタイの並行記事では、これにエレミヤが加わります。イエスは更に問われます。「それでは、あなたがたはわたしを何者だと言うのか」。そこで、ペテロが皆を代表して答えます。「あなたはメシア、生ける神の子です」（マタイによる福音書一六・一六）。ルカによる福音書では「神からのメシア」となっています（九・二〇）。

このメシアという訳はいただけません。原文通り、「キリスト」と言うべきです（原文は「あなたはキリストです」）。イエス・メシアと言われたことはなかったし、最初からイエス・キリストなのです。メシアと言うのは重大な変更になります。

今日、私たち一人びとりにとって、この問「あなたは私を何者だと言うか」は避けることのできない問であります。この問にどう答えるかによって、その人の神認識・信仰がどんなものかが明らかになります。私たちは一人びとりこのイエスの言葉に答えなければなりません。

カール・バルトは『教義学要綱』の中で、「きみのキリスト論がどういうものか言い給え。そうしたならば私は君が誰であるかを言おう」と言っています。（これは「君が誰と交際しているかを言ってみ給え。そうしたならば、私は君が誰であるかを言おう」という諺の言い直し）。また、彼はパリの『ラ・ターブル・ロンド』という雑誌から「『イエス・キリストは私にとって何か』と言う問に証言の形で答えて欲しい」と求められた時、彼は一寸びっくりしながら、誠実に答えました。（一部の要約）「イエス・キリストは私にとって、いつ、如何なる所でも、どんな形をとっても、彼によって呼び集められ、委託を受けた教会にとって、また、教会に委ねられた良きおとずれによれば、全人類・全世界にとって、かつて在り、今在り、そして未来も在り続け給うところのものにほかなりません。」バルトは、私にとってと言うことは、個人的なものではなく、それは同時に教会にとって、全人類・全世界にとってそうである、と言う。むしろ逆に、全人類・全世界にとってそうであるから、従って私にとってもそうであると言っているのです。そのあと出てくるのは、契約・赦罪・義認・約束・神の言――となっています。彼の言葉は心惹かれるものがありますが、私たちは私たちなりにこのことを考えて行きたいと思います。

さて、使徒信条の本文に入ります。

「我はその独り子、われらの主、イエス・キリストを信ず」という主文があり、それに「主は聖霊によりてやどり、……かしこより来たりて、生ける者と死ぬる者とを審き給わん。」と続きます。これは長い文章で本来は一息に朗唱すべきものですが、今日は「主、イエス・キリストを信ず」を学びます。

「主、イエス・キリストを信じなさい。そうすれば、救われます」という言葉があります。聖書には、そのままの言葉としてはありませんが、この言葉から三つの問が生じます。

第一は、信じるとはどういうことか。

第二は、イエス・キリストとは誰か。

第三は、救われるとはどういう意味か。

私たちは、今までに第一の〝信じる〟ことについていささか学びました。第三の問については後から学びたいと思います。

今、私たちは〝キリストとは誰か〟について学ぼうとしています。キリストとは誰か、という問において、私たちは歴史と時間の領域に入ります。第一項「神」では、時間を超えた永遠性の中でのことでした。ここでは、キリスト教信仰の中心・基盤である歴史的出来事について学ぶことになります。私たちはこのことを、見えざる永遠の神が見える時間と歴史のなかに突入してこられた、と言います。このことについて、私たちに与えられている資料は、古代ローマの著述家たちによる資料も若干ありますが限られており、直接的には聖書のみが資料となります。勿論、福音書だけでなく、他の文書にもイエス・キリストを信じた人々の見たイエス・キリストがあらわれています。それ故、私たちは新約聖書全般にわたってイエス・キリストについての証言を持ちます。今日、イエスという人物が存在したことはもはや疑い得ないことです。

イエス・キリストとは誰か、と言うとき、大事なことは、イエス・キリストの言葉による教えではなく、イエス・キリストの全存在・全人格である、ということです。そのことを私たちはイエス・キリストの出来事と言います。私たちの信じているのは行為の御言葉であり、御言葉の行為なのです。ヨハネによる福音書一・一四にある「言は肉となってわたしたちの間に宿られた」とはこのことを意味します。「言はわたしたちの間に出来事となられた」と私たちは言います。キリスト教の歴史を振り返ってみると、ある時は主イエス・キリストの教えだけに重点が置かれ、ある時はその生きざま・振る舞いだけが注目されました。しかし、いずれも正しくありません。主イエスの行為は出来事となった御言葉であり、主イエスの御言葉は行為としての出来事から発しています。それが啓示ということの意味なのです。啓示とは、閃きというようなものではなく、出来事のなかに現わされるものなのです。

イエス・キリストとは私たちのいう姓名ではありません。イエスとは名前です。ルカによる福音書一・三一に「その子をイエスと名付けなさい」とあります。確かにそれは天使から示された名前ではありますが、当時としては一般的な名前でした。旧約聖書にはイエスのヘブライ語の呼び名ヨシュアは三回出てきます。一つはモーセの従者であり、後継者であるヨシュア、第二はゼカリヤ書三・一に出てくる大祭司ヨシュア、第三はネヘミヤ書七・七にでてくるイェシュアで、合わせて三人います。また、ヨセフスの『ユダヤ古代誌』の中にはイエスという名の者が多く出てきます。新約聖書では、コロサイの信徒への手紙四・一一に「ユストと呼ばれるイエスからよろしく」とあります。マタイによる福音書二七・一六には「その頃、バラバ・イエスという評判の囚人がいた」とあります。口語訳までの聖書では単に「バラバ」とだけありますが、新共同訳は上記の名を採用しています。一七節は、そこで生き生きとドラマチックになっています。「どちらを釈放して欲しいのか。バラバ・イエスか。それともメシアと言われるイエスか」と、ピラトは問います。このようにヨシュアという名は一般的だったのですが、その意味は深く、「ヤハウェはわが助け」、あるいは「ヤハウェはわが救い」という名前で、従って、マタイによる福音書一・二一で、「この子をイエスと名付けなさい。この子は自分の民を救うからである。」と天使は言います。イエスという名はこの人が果たすべき役割を示している、と天使は告げたのです。

AD二世紀までの間にイエスという名はユダヤ人の間で消えました。ユダヤ人にとって、その名はかつては誇りある名でしたが、禁句となりました。キリスト者はその神聖さのゆえにイエスという名は用いませんでした。

主イエスにこの名が付けられたのは誠に相応しいし、また、同時に、これはイエスが完全な人間性を備えておられることを示しています。

これに対して、キリストとは称号であり、ヘブライ語のメシアという言葉—〝油注がれた者〟という意味—のギリシア語がキリストなのです。そのため、ギリシア語で書かれた新約聖書には、メシアという言葉は二度しか出てきません。一つはヨハネによる福音書一・四一、もう一つは同四・二五で、いずれもキリストをメシアの訳語として示しています。ですから、イエスはメシアという名で呼ばれたのではなく、イエスがキリスト＝メシアであるということを示しているわけです。そして、〝油注ぎ〟は次の三つの職務に関係しています。

第一に、預言者。

列王記上一九章に、エリヤはエリシャに油を注いで預言者とした、とあります。また、イザヤ書六一・一には、自分が神から油を注がれて預言者とされたとあります。

第二に、祭司。

出エジプト記二八・四二、二九・七に、祭司に任命するときは頭に油を注ぐべきことを指摘しています。

第三に、王。

サムエル記上一六・一二、一三では、サムエルがダビデを見つけた時、神はサムエルに「立って彼に油を注ぎなさい。」と言われました。

これらのことは、後に主イエスが果たすこととなる三つの職務、即ち、預言者・祭司・王としての職務を表わしています。

旧約聖書には、救済者・救い主という意味でのメシアはどこにも現われていません。従って、旧約聖書でメシアと呼ばれている所では、私たちが意味している救済者としては用いられていないのです。恐らく、捕囚以降、ダビデ的王としてのメシアに対する期待が高まって来たと思われます。その意味で、一種の救い主が期待されたのですが、それはあくまでダビデ的王としてのメシアでした。ダビデは余りにも理想化された上に、ダビデ契約＝ダビデ王家への契約は、即、ダビデの家系は永久に続くという内容のものなのです。それはダビデ王家への契約だけに止まらず、イスラエル民族全体への契約として理解されました。

従って、ＢＣ二世紀から一世紀にかけての黙示文学の時代には、このダビデ的王としてのメシアへの期待は高まりました。それが、新約聖書の時代にユダヤ人が持っていたメシア像であったのです。そして、それはイエス自身が持たれていたメシア像とは全く違うものでありました。

このことは、今日もあまり変わっていません。人々は自分の抱いている、あるいは、期待しているメシア像でイエスを受けとめます。それがイエスご自身が示されたものと違っていることには気が付かずに、誤解し、それによってイエスに逆らい、離れて行くのです。

主イエスはキリストとしての自覚をもって公生涯に進み出られました。しかし、イエスは理解されず、受け入れられませんでした。何故かというと、当時のユダヤ人のもっていたメシア像はダビデ的王としてのそれであったからです。そこで、イエスは弟子たちに「自分がキリストであると言わないように」と、度々注意されました。とはいえ、弟子たちがイエスをキリストと正しく理解していたとは思えません。それは、ペテロがイエスに「あなたはキリスト」と告白しましたが（マルコによる福音書八・二九）、その後のペテロのいろいろな言動を見ると、ペテロでさえもやはり、ユダヤ的メシアをある程度期待していた、と言えることで分かります。ただ、弟子たちがイエスの復活の後、イエスこそキリストと認めたことは、復活前からイエスがそのことを示しておられた、という事実がなければ有り得ないこと、と言うべきでしょう。

イエスの復活後、初めて弟子たちは「この方こそキリスト」と受け取りましたが、それより前に、様々な出来事によって、イエスはこれを示しておられました。そして、復活後、弟子たちはこの十字架に架けられたイエスこそキリストである、と証しし始めたのです。使徒言行録を読むと（二・一四以下ペテロの説教）、弟子たちはこの方こそメシア＝キリスト、と証言しています。

メシア、即ちキリストが来られることは待ち望まれていました。しかし、このイエスがキリストである、ということこそ中心点でありました。そして、このことがユダヤ人には最も受け入れがたいことであったのです。先ほど言いましたように、使徒言行録は表現は多様ですが、「イエスはキリストである」と証ししているのです。このように見て分かるように、イエスとキリストとは最初から結びついているものではなかったのです。

そこで、私たちはイエスが如何なる意味でキリストであり給うか、を訊ねなければなりません。この場合、マタイによる福音書一・二一にある、天使のヨセフへの告知は非常に重要な意味をもっています。「その子をイエスと名付けなさい。この子は自分の民を罪から救うからである」。ここでは、イエスという名と、その名に伴う職務が示されています。

この罪と訳されている言葉はギリシア語でハマルティア（hamartia）という言葉が用いられています。旧約聖書では罪は様々な言葉で表わされていますが、重要なことは次のように三つあります。
(1) ハタート―方向を間違っている。神の方向に合致していない、ということ。
(2) アウオン―行為の性質・動機を示している。
(3) ペシャ―自覚的反抗・背きを表わす。
つまり、罪とは神との関係概念なのです。それは、いろいろな法律的・道義的なことに対する違反ではありません。神との関係がどうか、ということなのです。従って、人間の決定的悲惨とは、その人が神から離れている点にあります。その人が道徳的にどうか、ということが問題なのではありません。この神からの背反が罪であり、人間のあらゆる悲惨さの根源なのです。イザヤ書五九・一、二にこう書かれています。「主の手が短くて救えないのではない。主の耳が鈍くて聞こえないのでもない。むしろお前たちの悪が　神とお前たちとの間を隔て　お前たちの罪が神の御顔を隠させ　お前たちに耳を傾けられるのを妨げているのだ」。神との関係断絶が決定的な罪なのだ、と旧約聖書は理解しているのです。新約聖書もこの旧約聖書の考えを継承しています。その上で、言葉としては目標・目的を誤るという「ハマルティア」という言葉に集中しています。先程のマタイによる福音書一・二一では、罪は複数で示されています。この所の「罪から救う」をある訳では「もろもろの罪から」と訳しています。日本語には単数・複数の区別がありませんが、この箇所が複数形を取っているのは以上のようにいろいろな言葉があって、それを集中的にハマルティアという言葉を用いたためかも知れません。

「罪の赦し」「罪の贖い」「罪からの解放」というように、新約聖書の表現はいろいろありますが、今までのことを考慮に入れますと、その意味するところは一つ、即ち、神との関係の修復・神と私たちを結びなおすということである、と理解せねばなりません。

従って、「罪の赦し」とは神が受け入れ給うということであります。「罪からの解放」とは神との和解であり、「罪の贖い」とは一つにする、あるいは、一つになる、ということと理解しなければなりません。このことは第三項で「罪の赦し」ということでもう一度取り上げることとなります。また、このためになされたキリストの十字架についてはこの第二項の後半で取り上げます。マタイによる福音書は、この罪からの救いを「インマヌエル」＝「神は我々と共におられる」ということに凝縮しています。つまり、罪の赦しとは神が私たちと共においでになる、ということになります。

従って、イエスがキリストであり給うということは、罪から救うもの・私たちを神とのあるべき正しい関係に入れてくださる方である、ということを意味します。

もう一つ言うべきことは、イエスという名はこの方が人間であった、ということを表わしています。イエスがご自身を「人の子」と言われるとき、それは言葉の元々の意味では単純に一人の人間を意味します。イエスがご自分を「人の子」と言い表わすことで、「人の子」は救い主の称号と受け取られてきましたが、イエスご自身はそうではなかったのです。

「罪の赦し」について一言、追加してのべたいと思います。「罪の赦し・贖い」ということは神との関係の修復を意味すると言いましたが、この事は明白にすべきだと思っています。

K教会のH牧師がある時、自分の入信のことについて話をされました。先生は小学校を出て、家が貧しかったので会社の給仕をしていました。あまり活動的ではないが、真面目な少年でした。ある人から教会の伝道集会に誘われて行きました。話が終った後に呼び掛けがあって、「神を信じたい人は手を上げなさい」と言われ、手を挙げました。そして、「手を挙げた人は残って下さい」と言われ、そのまま残りました。そうすると、次に、「あなたはどんな時に罪を犯しますか」と問われ、先生は真面目だったので、「私は罪を犯したことはない」と返事をすると、更に、「そんなことはありません。人は罪人です。嘘をつくことは罪です。汽車にただで乗ることも罪です」と言われました。そう言われると身に覚えがある。無賃乗車したことがあった。また、小学校を卒業するとき、学校の美術教室にイーゼルと三脚があったので一つぐらい貰ってもいいだろう、ということでそれぞれ一個失敬した。それを思い出して、信仰に入るにはこれを何とかしなければいけないと思い、返しに行った。先方の人は非常に感心された、ということです。

確かに、そういう意味での「罪の贖い」ということもあるにはあります。しかし、キリスト教的意味で「贖い」という言葉は二つあります。

一つはレデンプション（Redemption）。これは元に帰るという意味です。

もう一つはアトォンメント（Atonement）。これは at one ment 一つにすることです。

いずれも、元に帰るということです。このことが「贖い」ということの中で明白にされなければなりません。

私たちはイエスがご自身を「人の子」と言われたことを重視したいと思います。そして、キリストという称号はイエスが神から遣わされた方、否、神であるということと結びついています。さきほど述べたように、フィリポ・カイザリアにおいてペテロはマタイによる福音書一六・

一六「あなたは生ける神の子です」と告白します。当時の人々はイエスを人間として、「人の子」として見ても、「神の子・キリスト」として見ることは大変困難でした。翻って、使徒後の教会はイエスを神の子として信じても、人の子と信じることは困難でした。マリアを〝神の母〟としたのもそのせいでした。現在はイエスを神の子として見ることは困難となりました。どうしてもイエスを人間にしてしまいたい。それが今日の傾向です。私たちは「イエス・キリストを信ず」という時、この方が神であると同時に、人であられたということを信じています。

宗教の歴史は人間が神と和解するため、つまり関係を修復するためどんなに途方もない努力をしてきたか、を示しています。犠牲・苦行・エクスタシー・祭儀・律法・あらゆる善行・禁欲など。しかし、どれ一つとしてその目的を果たすことができませんでした。

神と私たちとの関係を結び直す方は、神と私たちの懸け橋となられる方は、神から出る方でなければそれをなし得ません。人間からの働きかけではできないのです。しかし、同時に、その方は人間の側に立つ方でなければなりません。テモテへの手紙一二・五にはこう書かれています。「神は唯一であり、神と人との間の仲介者も、人であるキリスト・イエスただお一人なのです」。口語訳では仲介者は仲保者となっています。仲介者という言葉は、他の所では契約の仲介者・神と人との間でなされる契約の仲介者という形で用いられているので、新共同訳はここも仲介者と訳したと思われます。だが、ここでは契約とは全く関係なしに用いられているので、元のままの仲保者の方がよいと思います。

こうして、私たちは「我はイエス・キリストを信ず」と告白するとき、パウロがローマの信徒への手紙八・三八・三九で述べたように「わたしは確信しています。死も、命も、天使も、支配するものも、現在のものも、未来のものも、力あるものも、高い所にいるものも、低い所にいるものも、他のどんな被造物も、わたしたちの主キリスト・イエスによって示された神の愛から、わたしたちを引き離すことはできないのです。」と、言うのです。

従って、「イエス・キリストを信ず」と言うとき、「私たちはイエス・キリストによって、もはや神から引き離されることがないように結び合わされていることを信ず」と告白するのです。そこで、私たちは何も怖れるものはない、ということになります。

六　我はその独り子、我らの主を信ず

今日は「我はその独り子、我らの主を信ず」についてお話をします。

前回は「イエス・キリスト」について述べましたが、これについて少し補足をしておきたいと思います。

イエス・キリストは聖書の中心であり、キリスト教使信（メッセージ）の中心であるだけでなく、歴史の中心でもあります。イエス・キリストの来臨によって歴史は二分されています。キリスト来臨以前の歴史はこの中心に向かって刻々と進んで行きます。パウロはこのことをガラテヤの信徒への手紙四・四で「時が満ちると」と表現しています。「満ちると」というのはその時点に向かって時が刻々と進んで行くことを意味しています。私たちは来臨以前の歴史をBC（Before Christ）と表わし、来臨以降の歴史はこの中心から展開されていきます。私たちはこれをAD（Anno Domini）主の年と呼びます。

イスラエル旅行ではユダヤの人々が年号をどう言うか、ということに興味がありましたが、彼らはイエス・キリストを認める訳にはいきませんので、BCとかADとか言いません。従って、BCという代わりにBCE、ADの代わりにCEといいます。CEとはCommon Era（一般的紀元）の略です。BCEとはBefore Common Eraのことです。

さて、使徒信条はイエス・キリストを「神の独り子」と告白します。このことはある意味では異例のことですが、しかし、最も深いイエス・キリストについての告白であると言えます。異例ということについてはあとで述べます。

イエスが神の子と呼ばれていることは聖書でよく知られています。マルコによる福音書は「神の子イエス・キリストの福音の初め」という言葉で始めます。イスラエル旅行でガリラヤ湖上の礼拝をしましたが、マタイによる福音書一四・二二～三三をテキストとして「湖上を歩まれるイエス」という説教をしました。ペテロが湖に足を踏み入れて沈む。それをイエスは手を差し延べられる。そして、イエスが船に乗られると、風は納まった。弟子たちは非常に驚いて、「本当にあなたは神の子です」と言ってイエスを拝んだ、とあります。

さらに、マタイはフィリポ・カイザリアにおけるペテロの信仰告白（一六・一三～一六）で、「あなたがたはわたしを何者だと言うのか」というイエスの問に答えて、「あなたはキリスト、活ける神の子です」と答えた、と記されています。またマタイ、マルコ両福音書では、イエスの十字架上における最期を見届けた百人隊長に「本当にこの人は神の子であった」と言わせています。

ですから、イエスが「神の子」と呼ばれるのは聖書のいろんなところに出て来るわけです。その中で、注目すべきは使徒言行録八・一六～三〇のところです。それは伝道者フィリポがエチオピアの宦官に伝道をしている箇所ですが、フィリポがイザヤ書を引用してイエスの福音について告げ知らせ、宦官は洗礼にまで導かれます。ここで、三六節の次が三八節になって三七節が省かれています。それは、三七節が有力な写本には欠落しているからという理由によるもので、巻末に注として移されています。しかし、三七節は全体の文章の流れを妨げてはいません。それは、こう書かれています。「フィリポが、『真心から信じておられるなら、差し支えありません』と言うと、宦官《かんがん》は、『イエス・キリストは神の子であると信じます』と答えた」。初代の教会では、洗礼の前に信仰告白をする習慣がありました。ここに示されているのは、三位一体的告白の形式を採っていません。従って、この告白は最も古く、最も短い洗礼信仰告白と言ってよいでしょう。恐らく、「イエスは主」または、「イエスはキリスト」という告白と共に、この「イエスは神の子」という信仰告白が用いられた、と考えられます。

「イエスはキリストである」という信仰告白は前回述べました。「イエスは主である」ということは後で述べます。ここでは、「イエスは神の子である」という告白に集中したいと思います。

福音書や手紙を通して、私たちは「イエスは神の子である」ということを知らされていますが、「神の子」という呼称はイエスにおいて初めて用いられた訳ではありません。旧約聖書では、天使たちが神の子たちと呼ばれています。しかし、個々の天使が神の子と呼ばれたことはありません。また、イスラエルの民はしばしば神の子と呼ばれました。それは、主として預言書で言われています。「わが子を愛した」というように出てきます。イスラエル民族はこのことを養子縁組と理解しました。

さらに、王が神の子と呼ばれています（サムエル記下七・一四〜）。神はダビデに対して、その子ソロモンについて「わたしは彼の父となり、彼はわたしの子となる」と言われています。

また、詩編二、この詩編は王の即位式の詩ですが、その七節に、「主はわたしに告げられた。お前はわたしの子、今日、わたしはお前を生んだ」とあります。これは、王の即位に際して神の養子となる、という意味で記されているのです。古代オリエントの世界では、王は神の子であるという表現は王の神格化として用いられ、王は神と血縁的関係にあるとされました。このことは旧約の神概念とは相容れませんでした。従って、ここでは敢えて「今日、生んだ」と、今日が強調されています。

後の時代に、メシアが神の子と呼ばれるようになりました。しかし、これは新約直前の頃からです。このことによって、詩編二はメシア的詩編と見なされていますが、これは元来、王の即位式の詩編であったということです。

従って、イエスが神を私の父と言われたことに対して、ユダヤの宗教的指導者たちが反発したのは当然のことでした。ヨハネによる福音書五・一七はこう書いています。「イエスはお答えになった。『わたしの父は今もなお働いておられる。だから、わたしも働くのだ。』このために、ユダヤ人たちはますますイエスを殺そうとねらうようになった。イエスが安息日を破るだけでなく、神をご自分の父と呼んで、御自身を神と等しい者とされたからである」。

十字架に付けられたイエスに対する攻撃・嘲弄もこの点に集中しています。マタイ二六・六

三、二七・四〇、四三、マルコ一四・六一、ルカ二二・七〇。これらに示されるように、「お前は『神の子』と言ってたではないか」と言うのが、人々のイエスに対する攻撃・嘲弄の集中点でありました。

これらのことはキリスト教信仰の核心の一つが、「イエスは神の子である」ということにあった、と逆に言えるのです。後に、ヨハネの手紙Ｉ四・一五にこういう言葉が出てきます。「イエスが神の子であることを公に言い表わす人はだれでも、神がその人の内にとどまってくださり、その人も神の内にとどまります」。イエスが神の子であると信じることは非常に大切なことであります。同じく五・五に「だれが世に打ち勝つか。イエスが神の子であると信じる者ではありませんか」とあります。イエスが神の子であるということは、イエスが神と特別な関係にあることを示しています。イエスご自身がこのことを意識しておられたことは明白です。その最初の現れはルカによる福音書二・四一～五一にあります。一二才のイエスは両親と共にエルサレムに上り、両親と別れてひとり宮の中で学者たちと論じていました。心配して戻った両親に対して、イエスは言われます。「どうしてわたしを探したのですか。わたしが自分の父の家にいるのは当たり前だということを知らなかったのですか」。ここでは、イエスは明白に神を自分の父と言い表しています。

また、ヨハネから洗礼を受けた直後に次のことがありました。三つの福音書にそれぞれ書かれていますが、こう言われています。「あなたはわたしの愛する子、わたしの心に適う者」。さらに、山上の変貌で同じ声があります。マタイ一七・五、マルコ九・七、ルカ九・三五「それはわたしの愛する子」。さらに進んで、ゲッセマネの園でイエスが父に語り掛けられた時、「父よ」でイエスの祈りが始まります。中でも、マルコはただ「父よ」ではなしに、「アッバ、父よ」と祈られます。この「アッバ」（abba）とは幼児が父を呼ぶときの呼び方なのです。

最後は十字架の上であります。さきほど言いましたように、十字架上のイエスに対する攻撃はイエスが「神の子」であるかどうかにかかっています。これに打ち勝つ力は「神の子である」という確信以外にはありません。イエスは十字架からあえて下りられなかった。それは、もし下りたならば、イエスの救いの業、神の御旨は実現しなかったでしょう。そのことを示すのが、ルカによる福音書二三・三四、四六で、イエスは言われます。「父よ。彼らをお許しください」、「父よ。わたしの霊を御手に委ねます」。

この四六節は詩編三一・六からの引用ですが、全てのユダヤの母親は暗やみが訪れる前に寝床にはいる子供たちに、この詩編を教えると言われています。これに、イエスは一言「父よ」と加えられたのです。これはイエスが神と特別な関係にあったことを示しています。

イエスにとって神の子であることは、何かによって与えられたものではなく、また、達成されたものでもありません。彼は本質的にそうなのです。如何なることのなかでも変更されたり、破棄されたりするものではありません。それは揺るがぬ信頼によって貫かれていました。

ところで、ヨハネは他と違った形でこのことを表わしています。イエスはしばしばご自分のことを「子」the Son と呼ばれました。聖書はこれを「御子」と訳していますが、それは正しいことです。更に、イエスは絶えず、「わたしの父」と呼ばれていました。これはイエスを神と特別に結びつける仕方でした。

やがて、キリスト教会の中で私たちが「神の子とされる」ということがクローズアップされることになります。その最も早い現れはガラテヤの信徒への手紙三・二六にあります。こうあります。「あなたがたは皆、信仰により、キリスト・イエスに結ばれて神の子なのです」。この手紙が書かれたのはAD五三、四年頃なので、福音書より早いころ書かれたわけで、私たちが神の子と呼ばれることの最も早い表現と思われます。この後に、フィリピ二・一三、ローマ八・一六に私たちが神の子であるという表現が記されます。

福音書の中には、私たちが神の子である、ということはほとんど出てきません。ただ、ルカ一一・一以下で、弟子たちが祈りを教えてください、とイエスに言ったとき、イエスは、こう祈りなさいと言われて、「父よ。……」と教えられました。このとき、弟子たちにとって、神は父である、とイエスは示されたのではないかと思います。従って、弟子たちは、神の子とされていること、神の子として神を父と呼ぶことを理解していたかもしれない、と思います。

さて、パウロはガラテヤ三・二六で、「子」をギリシア語でフィオイ uioi という言葉を使っています。これはフィオス uios の複数形です（イエスが神の子と呼ばれるときもこの言葉が使われている）。ところが、これ以降はイエスが神の子と呼ばれることと区別して、この uios を用いず、子に対してteknaという別の言葉を用いています。このteknaはイエスは神の子である、と言うときには用いていません。そういう区別をしています。

ヨハネによる福音書では、キリストを信じる者たちを神の子と呼ぶのは一回だけです。一・一二で、「その名を信じる人々には神の子となる資格を与えた。」とあります。そして、神の子という呼び方は、ヨハネの手紙Ⅰに一番多く現れていますが、いずれも、uiosという主イエスに対して用いられている言葉ではなく、teknaが用いられています。それにつれて、登場するのが「神の独り子」という言葉です。

この「神の独り子」という言葉は先行する三つの福音書には一度も出て来ません。ヨハネによる福音書で初めて出てきて、あと、ヨハネの手紙に出てくるだけです。

ですから、この「独り子」という言い方は、「神の子」という言い方よりは遙かに遅れて出てきた、と言えます。このことが、私たちが神の子と呼ばれるのと対比して、多くの人々に、また、後々の教会にも色々な形で、どうしてなのか、という思いを呼び起こしました。これについて、ハイデルベルク信仰問答は次のように言っています。

問三三　われわれも、神の子であるのに、何故、主のみは、神の生み給える御子、と言うのですか。

答　それはキリストだけが、永遠より、本来の神の子でありますが、われわれは、主のおかげで、恵みによって、神の子とせられるからです。

私は、一寸ここで言っておきたいことは、「主の恵みによって神の子とされる」ということを養子縁組的に捉えてはならない、ということです。キリスト教のなかにもそういう考えがないことはないのですが、パウロは〝新しく生まれる〟ことを強調しています。それは、このことがユダヤ教的養子縁組ではないという思いがあったためと思います。

ヨハネはこのことを一層明らかにしています。それが、一・一二、一三の言葉です。「しかし、言《ことば》は、自分を受け入れた人、その名を信じる人々には神の子となる資格を与えられた。この人々は、血によってではなく、肉の欲によってではなく、人の欲によってでもなく、神によって生まれたのである」。

ヨハネは神によって生まれた、と強調しています。後に、三章でニコデモに対して、イエスは「誰でも水と霊とによって生まれなければ、神の国に入ることはできない」と、言われます。これ以外でも、ヨハネでは、新しく生まれる、ということが強調されています。私たちはこのことに注目したいと思います。

さて、「独り子」は啓示に関連した言葉です。ヨハネ一・一八はこの事を明確に伝えています。「いまだかつて、神を見た者はいない。父のふところにいる独り子である神、この方が神を示されたのである」。この啓示という言葉は、ギリシア語ではアポカリュプシス（Apokalupsis）という言葉で、その動詞形は隠れた神秘の覆いを取る、という意味なのです。日本語の啓示とは、元来、「諭し示す」とか「教え知らす」という意味であったのですが、それがキリスト教の影響のもとに、「人知では知れないことを示す」ということに今日では取られるようになってきました。

ところで、この言葉はキリスト教では、黙示とも訳されています。そこで、ヨハネ黙示録はアポカリュプシスと言います。そして、黙示という時には特別の文学形態と結合しています。その特徴は、一、幻を通して神の意志が示される、二、象徴的表現が多い、三、終末の預言、四、受難文学ないし殉教文学である。

従って、言葉は同じなのですが、啓示と黙示は分けねばならないことになります。そして、ここで言っているのは啓示のことです。

旧約聖書においては、族長時代には神の直接の現れが見られます。それは神の啓示なのです。続く出エジプトの時代には、神の顕現は出来事において現わされました。例えば、モーセに率いられた民が葦の海を渡る、という出来事のなかに神は現れます。それが、カナン定着から王国時代には祭儀のなかに神の顕現があるとされました。聖所・神殿において犠牲を捧げる祭りのなかに神は顕現されます。これと並んで、預言者の語る言葉における神の啓示が示されるようになりました。しかし、王国の滅亡はこれらの啓示についての理解を大きく変動させました。これに代わって登場したのが聖書です。神殿復興によって祭儀は再開されましたが、そこではかつてあった祭儀における神の顕現は失われ、また、預言者の活動も終った、とされています。

そして、啓示を立証する書かれた言葉が啓示に代わりました。正典、つまり正しい教典としての聖書の成立です。従って、聖書が啓示の書物と呼ばれるようになったのです。

キリスト教会はこれらのことを踏まえて、神の啓示はイエス・キリストにおいて決定的に現わされた、と言い、このことは聖書において証言されている、と理解しました。

ところで、神の啓示は一般的なもののなかに現れないのか。イエス・キリストにおける啓示によらず、人間の本来の理性によって神を知ることはできないのか、という疑問が起こってきます。このような考えを一般啓示といい、こういう考えに立つ神学を自然神学と言います。これに対して、イエス・キリストの啓示のみを重んじる場合、これを特殊啓示といい、その神学を啓示神学と言います。

一七～一八世紀に、理神論者、つまり理性によって神を認識し得る、という立場の人々が現れました。自然神学が台頭し、それが自由主義神学へと発展して行きます。それが、一九世紀後半から二〇世紀初めにかけてのキリスト教会の大勢でした。これに対して反対したのがカール・バルトでした。彼はこういう時代傾向に対して、「No!」と叫びました。彼が一九三五年に、最初の使徒信条講解として世に出した『われ信ず（Credo）』の中の「その独り子」という項目において、激しい調子で次のように言います。「『その独り子』という言葉が、ドイツの教会において、二〇〇〇年以上前から骨抜きにする曲解の混乱のもとに、事実上失われてしまった結果、現代のドイツ・プロテスタント教会は大きな破滅を蒙った。」

しかし、聖書には一般啓示、イエス・キリストによらないで神は知られる、という言葉がないではありません。ローマの信徒への手紙一・一九〜にはこうあります。「神について知り得る事柄は、彼らにも明らかです。神がそれを示されたのです。世界が造られたときから、目に見えない神の性質、つまり神の永遠の力と神性は被造物に現れており、これを通して神を知ることが出来ます」。同じく、二・一四には「たとえ、律法を持たない異邦人も、律法の命じるところを自然に行なえば、律法を持たなくとも、自分自身が律法なのです」とあります。この他にも、使徒言行録のパウロの説教（一四、一七章）の中にも出てきます。バルトも一九四七年に出された、次の使徒信条講解『教義学要綱』の中ではある意味で一般啓示を認めています。

この事について、私たちが心に留めておきたいことは、これらの一般啓示においては、おぼろげな神を感じるに過ぎない、ということです。従って、これらの啓示はイエス・キリストにおける決定的な啓示に導くものとしての準備的啓示であり、あるいは、第二次的啓示としてのわずかな暗示に過ぎない、ということです。つまり、私たちはこの方以外に父なる神にいたり得ないことを意味しています。ヨハネによる福音書一四・六にあります「わたしは道であり、真理であり、命である。わたしを通らなければ、だれも父のもとに行くことはできない。」という言葉もこの意味なのです。そういう意味で、イエス・キリストは独占的に独り子であられる、ということであります。そして、この啓示は聖霊の働きによってのみ、私たちに理解されるものであるということを付け加えなければなりません。

私たちは、「その独り子を信ず」と言うとき、この方においてしか神は知り得ない、ということを言っているのです。

次に、「我らの主」に入りたいと思います。

私たちは「主」という呼び方と、「救い主」という呼び方を混同しているように思います。この両者は内容が違います。「救い主」とはギリシア語で、ソーテール(soter)という言葉で言い表わされています。この言葉は福音書では三回しか出てきません。しかも、パウロの真正の書簡(間違いなくパウロが書いたもの——テサロニケI、フィリピ、コリントI、ローマ、ガラテヤ)の中には一度も出てきません。後期のパウロ書簡(パウロの書いたものではないのではないか、と言われているもの)以降には頻繁に用いられています。つまり、「救い主」という呼称はやや遅れて現れた、と言えます。

これに対して、「主」という呼び方は新約聖書の中には六〇〇回以上出てきており、その内、三〇〇回はパウロの書いたものの中に出てきます。「独り子」の呼称が遅れて福音書のなかに現れたように、「救い主」の呼称も教会の中では遅れて用いられるようになったのですが、これに対して、「主」という呼び方は教会の中でかなり早くから用いられていた、と言えます。

「主」はギリシア語では、キュリオス(kurios)と言います。これはもともと敬意を現わす通常の言い方でありました。例えば、マルコによる福音書七・二八でシリヤ・フェニキヤの女がイエスに言います。「女は答えて言った。『主よ。しかし、食卓の下の小犬も——』」この〝主よ〟というのは英語のSirとMasterに近い表現で、単なる尊称を表わし、特別な意味で言ったのではありません。それは、この言葉がもともとそういう意味合いを持っていたからであります。それが、特別な意味を持つようになってゆきました。

マタイによる福音書二一・二七以下で、葡萄園で働くように命じる父親に対して、弟が答えます。「お父さん。承知しました」。この「お父さん」は原文ではキュリエ kurie(kurios の呼格)です。ですから、ここではキュリオスは家長を意味しています。さらに、キュリオスは所有権を意味します。何かの所有者のことを言い、奴隷や僕にとっては主人を意味します。こうして、キュリオスは権威と結びつくようになりました。そして、やがて、ローマ皇帝の通常の称号となり、キュリオスと呼ばれるようになります。

その言葉がイエスに対して用いられるようになったことには、特別の理由がありました。確かに、彼は神の独り子として私の主人、私の所有者であり、私に対して絶対的な権威者であられます。

しかし、教会がイエスを〝主〟と呼んだ時、それは旧約の信仰の伝統のなかにありました。旧約にあっては、神はYHWH(ヤハウェ)であらわされます。しかし、イスラエル民族はそれをそのまま読むことを避けて、これにアドナイ（主）という言葉の母音符号を付けました。そこから、エホバという誤った呼び方が生じたのですが、イスラエル民族は一度も神をエホバと呼んだことはありません。

ヤハウェという神の御名を念頭に置きつつ、アドナイと呼んだのです。そこで、旧約聖書をギリシア語に翻訳した七〇人訳では、このアドナイをキュリオスとしたのです。そうしながら、心の中ではこれをヤハウェと呼んだのです。

これは、ギリシア語聖書を読むユダヤ人がそうだった、ということなのです。キリスト教会がイエスを〝主〟と呼ぶのはこの意味であって、他の意味ではありません。パウロがフィリピの信徒への手紙二・九～一一で次のように言うのは正にこの意味なのです。「このため、神はキリストを高く上げ、あらゆる名にまさる名をお与えになりました。こうして、天上のもの、地上のもの、地下のものがすべて、イエスの御名にひざまづき、すべての舌が、『イエス・キリストは主である』と公に宣べて、父である神をたたえるのです」。どうして、主の名がもろもろの名にまさる名なのか、また、イエス・キリストが主である、と公にのべることが父なる神を讃えることになるのか。つまり、あらゆる名にまさる名、〝主〟という呼び名は父なる神、その方の呼称を受け継がれたこと、父なる神は、〝独り子〟この方にすべてのものをお与えになったことを意味しています。こういう訳で、〝主〟という呼び名は〝独り子〟という言葉と切り離しがたく結びついているのです。

従って、イエス・キリストを〝主〟と呼ぶことは、イエス・キリストの父なる神を崇めることにほかなりません。

私は一つのことを注意しておきたいと思います。それは、私たちが「われは、その独り子、われらの主イエス・キリストを信ず」と告白するとき、「信ず」とはこの方を「我らの主」「私の主」とすることを意味しているということです。「イエスは主である」という告白は、「私はイエスを私の〝主〟といたします」と言うことを含んでいるのです。勿論、このことは屈伏させられた、というようなことではありません。ハイデルベルグ信仰問答は次のように言います。

問三四　あなたは、何故、主を、我らの主、と呼ぶのですか。

答　主が、われわれを、身も魂も共に、金や銀ではなく、貴き御血潮をもって、罪から、悪魔の一切の力から、ご自分のものとするために、救いあがなってくださったからであります。

このことは、神の決断において行なわれました。今、一人の方が私たちの前に立っておられます。信仰とは、この神の決断に対応する応答としての人間の決断なのです。従って、求められているのは忠実である、ということです。決断は一回だけで終るものではありません。

バルトの言葉でこの回を閉じます。

「すべてのものが朝毎に新しく、自分はキリスト者なのか、非キリスト者なのかを問われる。すべてのものが、毎日、新しく、非キリスト者であることをやめて、毎日、新しく、キリスト者であることを始めねばならない。

そのために、人は、毎日、新しく、聖霊を必要とする」。

こうして、私たちは日毎に、『われは、その独り子、我らの主イエス・キリストを信ず』と、告白し、決断し、そのことの中に生きることとなるのです。

七　聖霊によりて宿り、処女マリヤより生れ

今日は「聖霊によりて宿り、処女マリヤより生れ」の箇所を取り上げたいと思います。このところで私たちは古くから、そして広い範囲にわたって教会の外部だけでなく、教会の内でも信じがたいとされた箇所に至ったわけです。

一七世紀以来、特に、一九世紀後半から二〇世紀の初めにかけて、使徒信条論争がありました。これは、使徒信条を教会一致のための根本的信仰箇条としようというもので、いろんな食い違いをこれで統一しようというものでした。そこから、論争が始まりました。それは、使徒信条だけでは信仰のすべてを表わすものではない、というものでした。

一八九一年、この論争に関連して、アドルフ・ハルナックという神学者が次のように言いました。「ここでは（使徒信条の意）多くの信仰深いキリスト者にとって、信じられない何かが事実として主張されている。それ故、ここに、この信条を彼の信仰の表現として用いねばならず、かつ、その命題の真理性を確信することができない、という現実の緊急事態が、あらゆる当事者に存在しているのである」。平たく言えば、使徒信条を唱え、「聖霊によりて宿り、処女マリヤより生れ」と信じることは困難であり、ある人には苦痛を感じる事態が起こっている、と彼は言うのです。

日本の教会においては、東京神学大学元学長の桑田秀延氏が述べていますが、一九四〇年頃まで自由主義神学的傾向のゆえに、処女降誕はキリストの神性、贖罪、復活のようには、キリスト教の本質とは見られていませんでした。従って、処女降誕は真剣に信じられていませんでした。私自身もそのことについて多少の思いがあります。わたしの父はクリスチャンでしたが、私と議論し、処女降誕は信じがたいし、信じなくてもよいのだ、と主張しました。しかし、今日では、処女降誕はもっと重要に取り上げられ、肯定的に考えられています。この変化については力ール・バルトの使徒信条講解『われ信ず（Credo）』の強い影響があると言われています。桑田氏は一九七〇年に『信仰告白』という本を出しました。これは「日本基督教団信仰告白についての私の自由な解説」という副題がついていますが、その中で、そのようなことが述べられています。

ところが、この状況は一九七〇年直後に起きた教会闘争の中で再び問題とされ、処女降誕は否定されるだけでなく、クリスマスをまもることさえ止める教会まで現れました。これには、当時の巷のクリスマスの大騒ぎが影響していることもあります。それは、処女降誕が非科学的であり、事実としてあり得ないということに基づくものではなく、イエスの人間性のみを認めて、神性を否定するところから来ているものでした。この教会闘争の一つの出発点は、人間イエスが非常に強調され、処女降誕はなくてもよい、ということでした。これは日本だけの現象ではなく、世界的なものでもありました。当時、評判の高かった映画『奇跡の丘』の中に出てくるマリアは処女として描かれていませんでした。これは当然カトリック教会の強い反対がありました。従って、処女降誕について、現代生物学における単性生殖の事実からその可能性を論証しようというようなことは全く無意味なことです。一時、そういう考えがあって、科学的にも不可能ではないと言う人がいましたが、それは意味のある考えではありません。

処女降誕についての歴史的根拠は何もありません。イスラエル旅行の時、ベツレヘムの聖誕教会に行きましたが、大きな教会の建物の中で、ギリシア正教、アルメニア正教、ローマカトリックが一緒になっていて、それぞれの教会の区分に分けられていました。そのギリシア正教の聖堂の地下に主イエスの産まれたとされる洞窟があって、その洞窟全体が祭壇になっています。その祭壇の下に畳一枚分位の床があり、大理石が敷いてありました。東方の博士を導いた星をかたどって銀の星が置かれ、「ここに主イエス・キリスト、処女マリアより生まれる」と刻んでありました。女性の信者たちが膝まづいて祈っていましたが、何か空々しく見えました。というのは、後ろに金網の囲いがあり、嬰児イエスが飼葉桶の中におかれていたり、賽銭がそこに投げ込まれたりしている、そういう有様でした。

処女降誕についての聖書的証言は二つあります。その一つは、マタイ一・一八〜二五でこう書かれています。「イエス・キリストの誕生の次第は次のようであった。母マリアはヨセフと婚約していたが、二人が一緒になる前に、聖霊によって身ごもっていることが明らかになった。夫ヨセフは正しい人であったので、マリアのことを表ざたにすることを望まず、ひそかに縁を切ろうと決心した。このように考えていると、主の天使が夢に現れて言った。『ダビデの子ヨセフ、恐れず妻マリアを迎え入れなさい。マリアの胎の子は聖霊によって宿ったのである』」。ここには、婚約している・夫ヨセフ・妻マリア・縁を切る（口語訳のように、離縁する、という方がふさわしい）という言葉が書いてあります。これはユダヤの結婚についての習慣で、小さい時に本人の意思に関係なく親が決めて婚約する。将来、夫婦になるという約束です。そして、ある程度大人になって正式に婚約する。そこで、二人は夫・妻として認められることになります。そういう期間が一年間あって、この期間には既に婚姻についての法的拘束力が生じています。従って、ここでは同居はしていませんが、結婚と全く同じ状態なのです。それから結婚式となります。ここでは婚約期間中に事が起こったわけです。だから、夫ヨセフ・妻マリアと呼ばれているのです。これを解消するには離縁という形で法的手続きを取らねばなりません。聖書の記事の背景はこういうことです。

もう一つは、ルカ一・二六〜三八にあります。ここは受胎告知の箇所ですが、次のようにあります。三五節「聖霊があなたに降り、いと高き方の力があなたを包む。だから、生まれる子は聖なる者、神の子と呼ばれる」。イエスの誕生は聖霊によるものだ、とここでは言われています。

さて、処女降誕は教会のなかでは、一世紀後半から二世紀にかけての教父（使徒教父と呼ばれる）イグナティオスの手紙のなかに書かれています。この点から言うと、処女降誕の信仰は二世紀半ばまでにはキリスト教信仰の信仰箇条として確立していたことを示しています。しかし、聖書そのもののなかに問題はあります。

一つは、ルカ二・五に「身ごもっていた、いいなずけのマリアと一緒に登録するためである。」とあります。これは、二世紀のシリヤ語訳や五世紀のラテン語写本では、いいなずけでなく、「妻マリアと一緒に」となっています。

もう一つ、マタイ一・二三「見よ、おとめが身ごもって男の子を産む。その名はインマヌエルと呼ばれる。」とあります。これはイザヤ書七・一四の引用ですが、そこでは「おとめ」は単に、若い女を意味するアルマ almah と言う言葉が用いられているのです。それは結婚していない女性に限ったものではなく、結婚の有無に関係なく、結婚適齢期の女性の意味なのです。もし、イザヤが処女を強調したければ別の言葉があり、それを用いたはずです。ところが、BC三~二世紀に出された七〇人訳と言われるギリシア語聖書では、この言葉アルマを処女を意味するパルテノスで表しました。何故そうしたのかは分かりません。そして、この七〇人訳の改訂版が出たときに、このパルテノスという言葉を廃して、若い女を意味するネアニスという言葉に代えました。このイザヤの預言は今日、イエス・キリストについての預言として受け取られていますが、イザヤの七章前後を読みますと、そのようには考えていなかった、と言えます。

また、パウロも、その他の手紙も処女降誕については何も触れていません。一ヶ所、ガラテヤ四・四~五に「しかし、時が満ちると、神は、その御子を女から、しかも律法の下に生まれた者としてお遣わしになりました。それは、律法の支配下にある者を贖い出して、わたしたちを神の子となさるためでした」とあります。だが、このこと、つまり「女から生まれて」と言っていることは、パウロが処女降誕を知らなかったとか、信じていなかったとかいうことの証拠にはなりません。しかし、彼が処女降誕を信仰の本質的なこととは見なしていなかったことは示していると思われます。

そして、私たちはマタイによる福音書とルカによる福音書の両方にイエスの系図を持っています。それらは全く違った資料により作られていますが、その系図はマタイの最後はヨセフ、ルカも始めがヨセフとなっています。従って、私たちはイエスは「処女マリアより生まれ」と唱えていますが、この系図は、マリアの系図ではありません。マリアはレビ族祭司の家系であって、ダビデの家系ではありません。両方の福音書とも、ダビデの子孫であるヨセフの家系が書かれているのです。ルカはこれに一寸疑問を感じて、「イエスはヨセフの子と思われていた」と書き足しています。

もう一ヶ所、ルカ二・四一〜五二に一二才のイエスについての記事があります。ここでは、「両親は」（四二節）と書いてあります。四八節にも「両親は」と記し、さらに、「お父さんもわたしも心配して」と言います。ここは、一九一一年の欽定訳聖書では、「ヨセフと彼（イエス）の母」となっています。今日の聖書では「両親」となっていますが、それは基になった写本の違いによるものでして、後者（口語訳も新共同訳もこれによる）は欽定訳よりももっと古い写本によっているのです。ということは、古い写本の方が本来の呼び方だった、と言えるからです。従って、「両親」が本来のものと言えます。欽定訳のように、「彼の母」と書いたのは、そこにマリアの処女性を示そうとした考えが働いていたと言えます。

従って、ここに登場する両親は処女降誕については知らない者のようであります。マリアは「お父さんもわたしも心配して」と言っています。それに対して、イエスは「どうしてわたしを探したのですか。わたしが父の家にいるのは当たり前だということを、知らなかったのですか」と答えます。このことについて、ルカ福音書の記者は「両親にはイエスの言葉の意味が分からなかった」と記しています。従って、ルカはこの両親は処女降誕については知らなかったもののように語っているのです。

このようなことを述べたのは、「聖霊によって宿り、処女マリヤより生まれ」という信仰告白は歴史的証拠の上にあるのではなく、神学的動機のうえに基礎付けられなければならない、ということを意味しているからです。私が処女降誕の信仰告白を否定しているように見えるかも知れませんが、そうではありません。私たちが、このことを歴史的証拠の上に基礎付けようとすると、それは混乱に陥るだけであって、そのようなものではないということを伝えたかったわけです。

「聖霊によって宿り、処女マリアより生まれ」、この言葉は神が人となられたことを言い表わしています。ヨハネ一・一四によれば、「言は肉体となった」ということです。そのことをこういう信仰箇条で言っているのです。そう受け取られます。これは大変驚くべきことです。イギリスの女流作家ドロシー・セイヤーズは、神が人となったという報《しら》せがどんなに異常なものであるか、どんなに興味深いものであるかを語って、「教会はキリストをどのように考えているか。これに対する教会の答えは明確、かつ、非妥協的である。イエスは史実においても、真理においても、そして、最も厳格、かつ、文字どおりの意味において、すべてのものが彼によってできた神であった。彼の肉体と頭脳は普通の人間と全く同じであった。彼の人格は、人間的な言葉で言い表わされるかぎり、神の人格であった。彼は人間のふうを装った霊でも妖精でもなく、あらゆる点で正に生ける人間であった。彼は神のようにすばらしい人間であった、と言うのではなく、彼は神であった」と、言っています。

これが、ニケア信条（正確には「ニケア・コンスタンティノポリス信条」）で告白されているところです。こう告白します。

「我らは唯一の主イエス・キリストを信ず。主は、神の独り子。万世の先に御父より生まれたもの、光よりの光、真の神よりの真の神、造られずして生まれ、御父と本質を一つにし、万物は彼により作られたり。主は、我ら人類のため、又、我らの救いのために天より来たり、聖霊により処女マリヤより肉体をうけて人となり、……」

「聖霊によりて宿り」は二つのことを意味しています。

第一は、真の人、イエス・キリストは、その根源を神のなかにもっておられる、ということです。彼は理想的人間でもなく、異常な能力を持つ特別に導かれた人間でもありません。彼は人であります。そして、神ご自身であり給います。「聖霊によりて宿り」とは、聖霊の働きによって、というような意味ではありません。聖霊ご自身がそこに宿り給うた、ということです。

第二に、このような形において人となり給うたことは、神の創造の業だ、ということです。創世記一・二に「神の霊が水の面を動いていた」とあります。この〝霊〟という言葉は、ヘブル語で「ルアハ」と言いますが、これは、〝風〟でもあり、〝息〟でもあります。これは、ギリシア語でプニューマと言いますが、同じ意味です。詩編三三・六にこうあります。「御言葉によって天は造られ　主の口の息吹によって天の万象は造られた」。そして、神は、今や、再び造り主としてお働きになります。今度は、〝無からの創造〟でなく、歴史のなかに新しい始まりを造り出されました。そういう意味で、イエス・キリストの誕生をもって紀元元年とした先人たちの理解は正しかったと言えます。

また、聖霊は、再創造の業にも関係します。エゼキエルは三七章で、枯れた骨の幻を見ます。彼は、「この骨に預言して言え」と主に言われます。エゼキエルはその時、主の言葉としてこう言います。「これらの骨に向かって、主なる神はこう言われる。見よ、わたしはお前たちの中に霊を吹き込む。すると、お前たちは生き返る。わたしは、お前たちの上に筋をおき、肉を付け、皮膚で覆い、霊を吹き込む。すると、お前たちは生き返る。そして、お前たちはわたしが主であることを知るようになる」（五、六節）。これは、再創造を意味します。

パウロはローマの信徒への手紙八・三でこう言います。「肉の弱さのために律法がなしえなかったことを、神はしてくださったのです。つまり、罪を取り除くために御子を罪深い肉と同じ姿でこの世に送り、その肉において罪を罪として処断されたのです」。また、一〇節ではこう言います。「キリストがあなたがたの内におられるならば、体は罪によって死んでいても、〃霊〃は義によって命となっています」。いずれも、人間の新しい命、再創造のことについて言われています。

アルトハウスという神学者は「彼が生まれるということによって、神の受肉と新しい人間の開始が起こる」と言っています。

第三に、ここでは人間の側の働きが一切ありません。「聖霊によって宿り」とはそういう意味です。ヨハネによる福音書には、主イエスの誕生、とくに処女降誕は何も触れられていません。それにも拘らず、その一・一～一八は創造から始まる、ヨハネによる主イエスの降誕物語としてとらえられています。そして一二～一三節にはこうあります。「しかし、言は、自分を受け入れた人、その名を信じる人々には神の子となる資格を与えた。この人々は、血によってではなく、肉の欲によってではなく、人の欲によってでもなく、神によって生まれたのである」。ここで、〃この人々は……生まれたのである〃というところについて、古いラテン語訳は単数動詞を用いています。英語で言えば、were born でなく was born、そうすると、これはイエス・キリストについてのことであり、そういう意味では、これは、ヨハネ的処女降誕への言及であるかも知れない、と言われています。

従って、「聖霊によって宿り」というところでは、イエスは真の神である、ということが告白されていることになります。

こうして、第二の部分「処女マリアより生まれ」に入りますが、マリアは紛れもなく人であります。イエスは神に由来していると共に、人にも由来しています。彼は私たち同様の人間であられる。そこには、何の疑いもありません。「生まれる」という言葉がそのことを示しています。確かにこのことには人間が関与していますが、しかし、このことは人間の主体性において起こってはいません。神の、聖霊の主体性において起こっているのです。それゆえに私たちはルカ一・三八「マリアは言った。『わたしは主のはしためです。お言葉どおり、この身になりますように』」というマリアの言葉を重視しなければなりません。神はそのように人間を用いておられます。これだけが、人間の側のこのことについての関与の形です。ですから、「処女マリアより生まれ」は人間の側の主体的関与を拒否していると言えます。主イエスは救い主であられます。人間を創造者である父なる神にもう一度結び付けるために、人でなければなりませんでした。このことを、テモテへの手紙Ⅰ二・五で次のように言っています。「神は唯一であり、神と人の間の仲介者も、人であるキリスト・イエスただおひとりです。」ここでは、イエスが神と人との仲介者である、と言います。仲介者という言葉は仲保者という言葉の方がよいと思います。仲介し、保証する、という意味で仲保者と言います。それは、単なる仲立ちをするのではなく、もっと積極的に結び付けるという役割を担っているのです。

ヘブライ人への手紙では、このことを主イエスの大祭司性として捉えています。祭司は、神と人との間に立ち、その間を取り次ぎ、あるいは、贖罪のささげものを取り次ぐ。そして、神の赦しを伝達する、あるいは、もたらす、これが祭司の役割です（四・一四～五・一〇）。

何故、このようなことを言わなければならなかったのか？

キリスト教界のなかでイエスは人である、という面が強調されるということが起こりました。つまり、イエスは神ではない、という説が起こったのです。このことが起こると、キリストによる救いが曖昧になります。そこで、ＡＤ三二五年に、ニケア会議が開かれ、ニケア信条が採択されることとなったのです。

論争が更になされて、今度はイエスの神性が強調されました。そして、人間性が退けられました。神であるキリストが人間イエスの体に仮に現れた。従って、十字架で死なれたのは神の子キリストではなく、人間イエスである、こういう説が出てきました。これが仮現説と言われるものです。いわば、日本における権現様のようなもので、神が仮に人間の姿を採って現れた、と言うのです。このようになると、キリストの十字架は意味を失います。そこで、ＡＤ四五一年に、カルケドン会議が開かれ、カルケドン信条が採択されたのです。

使徒信条、ニケア信条、カルケドン信条を三大信条といいますが、こうして、主イエスが「真の神にして真の人」という信仰は信条という形で確立することとなりました。

後の二つの信条は、このように、教会のなかの激しい論争と教会会議の中から生まれた痕跡を留めていますが、使徒信条は、その内容のみを示しています。そして、クリスマスの奇跡・秘儀は、主イエスは真の神にして真の人、ということの実際的形式なのです。それ故に、秘儀と形式は区別することはできますが、分離することはできません。クリスマスの奇跡だけを強調して、その秘儀――イエスは真の神にして真の人、神が人となり給うたということ――を無視してしまうと、クリスマスは空疎なものとなり、単なるお祭りになってしまうのです。また、降誕の奇跡を否定ないしは軽視して、秘儀だけを重んじると、このことは降誕の奇跡だけでなしに、やがて、秘儀の否定にまで至ることとなってしまいます。

先程の論争は今も続いています。そして、真の人という面だけが強調されるとキリスト教信仰はヒューマニズムに陥ってしまい、人間の罪は無視されてしまうこととなります。真の神という面だけが強調されると、その信仰は観念的になっていきます。

エルサレムにある〝ヴィア・ドロロサ〟(via dolorosa)の道の始まる所にエッケホモ(ecce homo)教会があります。ピラトが民衆の前にイエスを立たせて、「この人を見よ」と言った場所です。そこから、イエスの十字架の道が始まるわけですが、しかし、この〝エッケホモ〟(この人を見よ)という言葉は、色々な形で用いられ、よくバプテスマのヨハネの絵のなかにこの言葉が書かれています。ルターは、こう言います。「君はこの人を指し示し、この人こそ神である、と言わねばならない」。これが、私たちの信仰の基本だ、と言わなければなりません。たしかに、クリスマスの出来事そのものは、私たちの信仰の中心ではないかも知れません。しかし、それを失えば、私たちは大事なものを失うことになります。

しばらく前に、ものみの塔の人がわたしの所を尋ねてきて、「一二月二五日はキリストの誕生日ではありません。ご存じですか」と問われました。わたしは知っています、と答えると、「一二月二五日は異教の祭りです。ご存じですか」と言います。更に、「異教の祭りをするのはおかしくありませんか」と言うので、私は答えました。「確かにそれは異教の祭りから来ていますが、この日は光の神の祭りです。それをキリスト教では、真の光である方が来られた日であるとして、その意義を新たにしました。そういう形で祝っているのです。異教の祭りを全部取り去ってしまうことが正しいのではありません。わたしも、あなたたちもどっぷり異教的なものの中に浸かっている。完全に取り去るなどと言うことはできません。大事なことは、それに新しい意味を与えることです。そうでなければ、あなた自身死んでしまいます」。それでも「クリスマスを祝うのは間違いです」と言うので、「祝わないのはあなたたちの自由です。私たちはクリスマスを祝います」と、言いました。

このように言いましたのは、いろいろ言う人がいるので、私たちは本当に信仰をもってクリスマスを祝うかどうか。「聖霊によって宿り、処女マリヤより生まれ」ということを私たちは本当に信じて、これを祝うかどうかだ、ということだと思います。

八　ポンテオ・ピラトのもとに苦しみを受け

前回、使徒信条論争について一寸触れましたが、ドイツの神学者カリクストゥス（一五八六〜一六五六）は改革派・ルター派・カトリック教会の三つの教派の間の教理的違いによる問題――宗教改革後それほど時間が経っていないので大変激しい論争があった――について、その解決のため、各教派の一致の基盤を使徒信条に求めてこれを提起しました。これに対して、ルター派正統主義の側から、使徒信条は一致の信条としては認められない、という激しい非難が起こりました。その理由は三つあって、一つは、使徒信条のいくつかの箇所は救いにとって必ずしも必要ではない、ということでした。それは、例えば、処女降誕・昇天などです。（この内、処女降誕は前回とりあげ、昇天は二、三回後にとりあげます）。第二は、使徒信条には救いに必要、かつ、重要な信仰箇条が含まれていない、というものでした。例えば、原罪・信仰義認・贖罪です。第三に、使徒信条はそれ以降の諸信仰告白により必ずしも同一の解釈がなされていない、と言うことです。この三つの理由により反対して、激しい論争となりました。

この論争は中断されましたが、一九世紀に引き継がれ、その時は使徒信条をどう使うかをめぐって論争がなされました。更に、これが神学論争にまで発展し二〇世紀まで続き、やがて、神学的関心は聖書解釈に移って行きました。そして使徒信条論争という形では行われなくなりました。

ついでながら、プロテスタント教会には大別して二つの流れがあります。

一つは、告白教会 credal church

もう一つは、非告白教会 non-credal church と言っています。前者は、その教派固有の信仰告白を持っていますが、後者は、伝統的にそれを持っていません。そして、前者には、長老派・改革派・ルター派等があり、後者には、会衆派（日本では、組合派）、バプテスト派等がありま す。もっとも、非告白教会も信仰告白はありませんが、ゆるやかな教義の大綱のようなものはありました。それが、互いに共通なものと認められるということで一致していました。

日本基督教団は、こういう諸派の合同によって成立しましたので、最初は教義の大要があるだけで、信仰告白は制定できませんでした。一九五〇年に、信仰告白の無い教会は教会でない、と主張する一部の長老派（旧日本キリスト教会）に属する教会が日本基督教団を離脱する、ということが起こりました。このことに端を発して、教団内部に信仰告白制定の動きが起こりました。そして、一九五四年、現在の「日本基督教団信仰告白」が制定され、今日にいたっているわけです。その内容は、長い前文があって、後半で使徒信条が告白される形になっています。前文には、使徒信条に含まれていない信仰箇条がおかれています。これが制定されたとき、非告白教会の系統を引く教会側からは、その拘束性をめぐって論議があり、当時の教団信仰職制委員会は、この信仰告白について解釈の自由を認めながら度外れた解釈は許さない、という玉虫色の答申を出して、とにかく、信仰告白は決定されることとなりました。

現在も日本基督教団信仰告白に対してだけでなく、使徒信条に対する批判は続いています。その主要な点は、使徒信条には主イエスの生涯についての記述が全く無い、ということにあります。こういう批判は使徒信条論争以前からありまして、カルヴァンは『ジュネーブ教会信仰問答』の中でこう言っています。

問五五　何故、誕生から直ちに、彼の生涯の話をすべて略して、死に進むのですか

答　ここでは、私たちの贖罪の要素に特に関わることしか語られていないからです。

K・バルトは、こういう言明を批判して、『ハイデルベルク信仰問答』をあげています。そこには、こうあります。

問三七　『苦しみを受け』という小さな句は何を意味していますか

答　主がこの世の御生涯において、殊に、その終わりにおいて、絶えず、全人類の罪に対する神の怒りを、身と魂をもって受けて下さる――のであります。

つまり、ハイデルベルク信仰問答は、「苦しみを受け」という言葉のなかに、主イエスの御生涯のすべてが含まれている、と見ているのです。K・バルトもこれに賛同しています。

初代教会は、主イエスの生涯に深い関心を持っていましたが、十字架と復活に集中的に目を向けていました。例えば、マルコによる福音書は主イエスの公生涯の初めから筆を起こしていますが、一一章から一六章まで、即ち、全体の五分の二を受難と復活の七日間の出来事に用い

ています。そして、受難と復活の出来事は、主イエスの生涯の全体と深く結び付いています。K・バルトは『ジュネーブ教会信仰問答講解』の中で、先程の項目についてこう言っています。「受難・十字架・復活について語るとき、使徒信条は福音書の物語の実体をすべて想起させる。イエスの生涯・奇跡・説教・使徒たちとの関係、これらは皆、贖罪の実体に属さないでしょうか。これらすべては、受難に充ち、復活に充ちていないでしょうか」。

ところで、主イエスの生涯に喜びはなかったでしょうか。確かに、福音書には、主イエスが泣かれたことは二度出てきますが、笑われたことは一度も出てきません。宮田光雄氏は、『キリスト教と笑い』という本の中で、「私としては、『イエスは笑った』という大胆な仮説を持っている」と言います。これは本当かも知れません。福音とは、喜ばしい報せ（エヴァンゲリウム evangelium、ギリシア語でユウアンゲリオン euaggelion）の意味です。喜ばしい報せは喜びをもって伝えられねばなりません。「ああ、何と幸いなことよ」と言われる主イエスには、自然に対する優しさ、子供・弱者に対する限りない慈愛がありますが、それは喜びのなかにしか現れでて来ないでしょう。キリスト教の中には、余りにも厳粛さ、真面目さが求められて、渋い顔が持ち込まれてしまいがちです。

にもかかわらず、使徒信条だけでなく、ローマ信条も、ニケア信条も、更に、一世紀末の使徒教父アンティオキアのイグナティオスの信仰告白も、降誕から受難へと直ちに移っています。このことは、パウロとも一致します。フィリピの信徒への手紙二・六～八。「キリストは、神の身分でありながら、神と等しい者であることに固執しようとは思わず、かえって自分を無にして、僕の身分になり、人間と同じものになられました。人間の姿で現れ、へりくだって、死に至るまで、それも十字架の死に至るまで従順でした」。これは最も古いキリスト賛歌、また、信仰告白の一部だと言われていますが、それはイエスの生涯については一言も触れていません。これが古い信仰告白の一部だとすると、ここでも同じ形を採っていることを示しています。

もう一つ、ローマの信徒への手紙一・三、四「御子に関するものです。御子は、肉によればダビデの子孫から生まれ、聖なる霊によれば、死者の中からの復活によって力ある神の子と定められたのです。この方が、わたしたちの主イエス・キリストです」。これは、福音の内容の説明ですが、ここでも主イエスの生涯は一言も触れられていません。それを福音という言葉で現わしています。

このことは何を示しているかというと、イエスの生涯をどう見ようとも、降誕——神が人となり給うた——ということと、受難・十字架・復活の光のもとでそれを見なければならない、ということなのです。つまり、主イエスの生涯を、その初めと終りから来る光から見なければならないということを示しています。それ以外の仕方で主イエスの生涯を見ることは、恐らく、肉に従ってキリストを知る（コリントの信徒への手紙II五・一六「肉に従ってキリストを知っていたとしても」）に過ぎないことになるでしょう。

主イエスの生涯は最初から苦しみでした。ある人は、飼葉桶に既に十字架の影があると言っています。それ以降の生涯は明白に十字架と復活に向けられています。そして、そのことの中で人間の罪があらわになります。権力者の悪意、家族の無理解、人々の反抗と拒否、宗教的リーダーたちの嫉みと憎しみ、弟子たちの卑怯と裏切り、そして、政治家の不義。それらのことがイエスの死を通してあらわにされます。

主イエスは単に物理的に苦しまれたのではありません。主イエスは人々の罪のゆえに苦しみを受けられました。これはパウロがローマの信徒への手紙四・二五に言っている通りです。こうあります。「イエスは、わたしたちの罪のために死に渡され、わたしたちが義とされるために復活させられたのです」。パウロがこう書きましたのは、このことを言おうとしているのです。実は、私たちは罪・悪について何も知りません。主イエスにおいて私たちは人間の罪の深み、悪のおぞましさに触れます。そこにおいて、神と人との関係がどんなものであり、その回復として罪が処断され、どんな代価が払われねばならなかったが明らかにされます。何故なら、ここで苦しみを受けられるのは、神であり人であられた方だからなのです。従って、人間の罪とは単なる法律違反とか、道徳違反ではなく、主イエスへの反逆は神に対する反逆であり、主イエスに対する罪は神に対する罪なのです。このこと以外から来る罪責感は、それがどんなに深刻なものであっても、確かに深刻なものですが、それは非本来的なものに過ぎません。この神に対する罪から来る罪責感、それが本来の罪責感なのです。

「苦しみを受け」という言葉に包括される主イエスの生涯は、私たちこそ神の怒りを身に負い、その裁きを受けるべきものであることとを顕わにします。それと同時に、神が、私たちが身に負うべきものを、主イエスにおいてすべて引き受けられることを避け給わなかったことを表わしています。

こうして、イザヤ書五三・四、五の言葉は成就したことになります。そこには、こう書かれています。

彼が担ったのはわたしたちの病
彼が負ったのはわたしたちの痛みであったのに
わたしたちは思っていた
神の手にかかり、打たれたから
彼は苦しんでいるのだ、と。
彼が刺し貫かれたのは
わたしたちの背きのためであり
彼が打ち砕かれたのは
わたしたちの咎のためであった。
彼の受けた懲らしめによって
わたしたちに平和が与えられ
彼の受けた傷によって、わたしたちはいやされた讃美歌第二編一六番は、このイザヤ書の言葉を歌っています。

第二編　一六番

一　丘の上で木にあげられ、

　ふかい傷を主は負われた。

　その苦しみこそ　わたしの救いだ。

二　はじとなやみ　みなひきうけ、

なぶりものと主はなられた。

そのはずかしめは　わたしの力だ。

三　いたましくも神と人に、
　見すてられて主は死なれた。
　その絶望こそ　わたしの希望だ。

これが主イエスにおいて実現された事柄なのです。彼の絶望こそが、わたしたちの希望だ、というのです。

「ポンテオ・ピラトのもとに」は、私たちには異様なというか、何か信仰告白のなかでは場違いの感じがします。何故、この名前があげられているのか。確かに、この名前において、主イエスの死は歴史と結び付けられています。世界史のなかの出来事となっています。このピラトという人物は、ＡＤ二六〜三六年の間、ユダヤの長官でした。私は、イスラエル旅行の時、カイザリアで一つの銘文のなかに彼の名が記されているのを見ました。ローマ帝国は、被占領地を属州としましたが、そこが平和と秩序を維持し、税金を払うかぎりにおいて大幅な自治を許しました。そこで、ユダヤ人たちは七〇人の議員から成るサンヘドリン（最高法院）を組織して、これに当りました。サンヘドリンの構成員は、主イエスの時代には、概ね祭司・貴族のサドカイ派が勢力を占めていましたが、やがてファリサイ派がこれに加わるようになりました。使徒言行録には、ファリサイ派が加わっていることがはっきり窺われます。彼らは大幅な自治を許されていましたが、できないことの一つが死刑判決の執行でした。

彼らは一人の人物に死刑判決を下し、その人物をピラトのもとに連れてきました。ユダヤ人にとって、主イエスの罪状は律法違反ということでした。神・神殿に対する冒瀆でした。しかし、それではローマの長官から死刑判決の執行をかち取ることはできません。それ故に、罪状はローマに対する反逆ということにしました。それは、ピラトにとっては望ましくない責任でした。彼は主イエスの無罪を認めて、彼を釈放しようとしましたができませんでした。ピラトはユダヤ人と仲が良くなく、ユダヤ人を理解しようとしませんでした。彼らの感情を逆撫でることをしばしば行なって、ユダヤ人の反感を買っていました。それは彼の行政官としての不手際を示していますが、それらのことは皇帝に報告されませんでした。

ヨハネによる福音書一九・一二には次のように書かれています。「そこで、ピラトはイエスを釈放しようと努めた。しかし、ユダヤ人たちは叫んだ。『もし、この男を釈放するなら、あなたは皇帝の友ではない。王と自称するものは皆、皇帝に背いています』」。この言葉はユダヤ人指導者たちのピラトに対する恫喝でありました。彼は自分の地位を守るためには群衆の声に従う以外ありませんでした。そうはしても、彼の在任期間は長くはありませんでした。やがて、サマリアに事件が起こり、彼は軍隊を連れてそこに行き、不必要な厳格さで多くの人命を奪い、これを処理しました。報告を受けたシリアの総督はピラトを停職処分にしました。彼は皇帝ティベリウスから報告のため帰国を命じられましたが、皇帝は彼のローマ到着の前に死にましたので、彼は事無きを得ました。その後のピラトについては伝説的資料はありますが、歴史には最早現れていません。ヨハネによる福音書一八・三七、三八に次のようなことが記されています。

「そこで、ピラトが『それでは、やはり王なのか』と言うと、イエスはお答えになった。『わたしが王だとは、あなたが言っていることです。わたしは真理について証しをするために生まれ、そのために世に来た。真理に属する人は皆、わたしの声を聞く。』ピラトは言った。『真理とは何か』」。

彼は真理に関心はありましたが、真理を行なうことはできませんでした。それは、正に、裁く者と裁かれる者の位置が逆転し、権威・権力が裁かれるシーンでありました。

ヨハネによる福音書一六・七、八にこう書かれています。「しかし、実を言うと、わたしが去って行くのは、あなたがたのためになる。わたしが去って行かなければ、弁護者はあなたがたのところに来ないからである。わたしが行けば、弁護者をあなたがたのところに送る。その方が来れば、罪について、義について、また、裁きについて、世の誤りを明らかにする」。弁護者というのは、口語訳では、「助け主」となっています。これは後の方では、「真理の霊」「真理の御霊」という言い方になっています。それが来ると、世の誤りを明らかにする。九節以下に、「罪についてとは、彼らがわたしを信じないこと」とありますが、つまり、これが罪だということです。一〇節「義についてとは、わたしが父のもとに行き、あなたがたがもはやわたしを見なくなること」つまり、神とのつながりがイエスによって開かれたこと。一一節「裁きについてとは、この世の支配者が断罪されることである」。これらのことが、ピラトの裁きの座で現実となったのです。

アナトール・フランスに『ピラト』という短篇があります。こんな話です。ピラトはローマで引退生活を送る。ある日、彼のところにユダヤから来客があって、ユダヤの現状の報告や彼がユダヤの長官であった日々の回想が語られる。客は彼にイエスという一人の男を処刑したときがあったろう、と言う。しばらく思い出すようにして、やがて、彼は「知らぬ」と言った。それだけの話ですが、これが一番ピラトらしく思われます。

イギリスの女流作家ドロシー・セイヤーズは『王として生まれた人』というラジオのための放送のなかで、マタイによる福音書二七・一九にあるピラトの妻の夢を説明して、彼女の夢は、この「ポンテオ・ピラトのもとに苦しみを受け」という言葉があらゆる国の言葉で幾世紀にもわたって叫ばれているのを聞いたのだ、と書いています。確かに、この言葉はあらゆる国の言葉で幾世紀はおろか、教会の存続するかぎり叫ばれるであろうと思います。

しかし、それが、この言葉が使徒信条のなかに置かれている理由ではない、とわたしには思われます。キリスト教会はピラトに好意、と言っては言い過ぎかも知れませんが、同情を持っていたように思います。コプト教会やアビシニア教会はピラトを聖徒としています。それに伴って色々な伝説が生まれました。

外典に『ニコデモの福音書』というのがありますが、そこでは、ピラトについて、肉の割礼を受けていたと記しています。このように、同情的に見ています。

しかし、同情的であっても、誰も彼の罪を取り除こうとは思わなかったし、それはできませんでした。ただ、彼が自分の力をはるかに超えた大きな力に支配されていた、ということは認めています。ヨハネによる福音書一九・一〇～一一「そこで、ピラトは言った。『わたしに答えないのか。お前を釈放する権限も、十字架につける権限も、このわたしにあることを知らないのか。』イエスは答えられた。『神から与えられていなければ、わたしに対して何の権限もないはずだ。だから、わたしをあなたに引き渡した者の罪はもっと重い』」。ピラトはこの言葉によって、イエスを釈放しようとして手を尽くすのですが、成功しませんでした。これは、ピラトが自分の権限よりも、あるいは、皇帝の権限よりもはるかに大きい権威によって捉えられていたことを示しています。

正にその通りで、主を十字架にかけることは神の御旨でありました。こうして、彼は心ならずも「新約の執行人」となりました。この「新約の執行人」というのは、主イエス・キリストにおける新しい契約で、これをピラトが執行することとなった、と言うことです。「新約の執行人」というのは、一八世紀のドイツ神秘主義的哲学者であり、神学者であるハーマンの言葉です。天地を創造されただけでなく、歴史を支配しておられる神の意志、そしてその力が背後にあることを示している。これこそが『ポンテオ・ピラトのもとに苦しみを受け』と告白されることになった本当の意味です。

そして、主イエスの苦しみは、歴史のなかに出来事として言われるだけでなく、神の歴史を支配し給う救いの御業のなかにあることが示されているのです。

九　十字架につけられ

今日は、「十字架につけられ」というところを学びます。

本来は、「十字架につけられ、死にて葬られ、陰府に下り」という一連の所を取り上げるのが良いかも知れませんが、十字架だけをこれが重要な所なので、別に取り上げて学びたいと思います。

言うまでもなく十字架はキリスト教のシンボルとして知られています。古くから、教会では十字架に様々な目的と意味を与えて、それをデフォルメして用いてきました。いま、お渡ししたもの（図Ⅰ参照）はその例です。全体の説明は省略しますが、幾つかについて説明します。

①は十字架が星の形になってペンテコステの火のようなものが加わっています。これは余り見たことがありません。②は十字軍の人が尖った方を手にもって運び、また、それを土のなかに差し込んで礼拝の場所とした、と言われます。③は伝統的に東方教会が使っており、次のような意味付けをしています。上の横棒は捨て札（罪状書）、下の斜めのものは足台をあらわしています。イエスがどう言う形で十字架に付けられたか分かっていませんが、東方教会はこういう足台に足を乗せて十字架に付けられたと信じており、従って、今でも下に足を受ける突起物を付けた十字架を用います。④はエルサレム十字架と呼ばれ、エルサレムの教会は殆どこの十

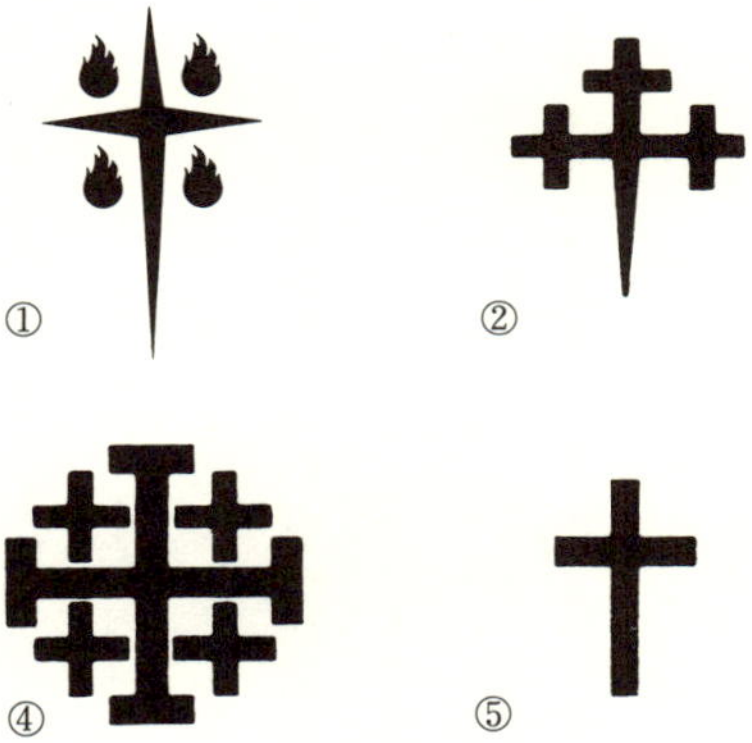

図Ⅰ　『教会のシンボル（改訂版）』
聖和大学教育学部キリスト教教育学科より

字架を使っています。小さい四つの十字架と大きな一つの十字架で主の五つの傷を象徴している、と言われています。⑤はラテン十字架で私たちが今日普通に用いているものです。

ここで、私たちが一寸注意しておきたいことは、福音書では十字架はごく控え目に記されていることです。控え目というのは、福音書は十字架の出来事に重点を置いており、十字架そのものを強調する形は取っていないのです。そして、十字架は決して主イエス・キリストについての特別のものではありません。というのは、十字架は古代世界ではごく普通の処刑方法の一つでした。従って、福音書においては主イエスだけが十字架につけられたのではなく、他の二人の犯罪人もイエスと一緒に十字架につけられているのです。

この十字架刑はローマ帝国の独創ではなく、当時の世界において広い範囲に普及していたものでした。もちろん、刑の執行形式には違いがあったと思われますが、エジプト・フェニキア・カルタゴ・ペルシア・アッシリア・スクテヤ、更にインドにおいても見いだし得ると言われます。そして、多くのユダヤ人たちが十字架刑にあっています。イエス以前にも以降にも記録に残っています。しかし、十字架はユダヤ人の慣習ではありませんでした。ユダヤ人はイエスの時代にはローマに支配されていましたが、司法・行政面では大幅な自治が許されていました。しかし、徴税権が無かったことと死刑執行は許されていませんでした。従って、ヨハネ福音書一八・三一で、ピラトが「あなたたちがイエスを引き取って裁け」というと、ユダヤ人たちは「わたしたちには人を死刑にする権限はない」と答えます。ユダヤの最高法院は死刑執行を決める権限を持っていなかったのです。そういう訳で、ピラトが主イエスを釈放しようとするとユダヤ人たちが反対し、祭司長・下役たちがイエスを「十字架につけろ」と叫びます。そこで「あなたたちが引き取って十字架に付けるがよい」とピラトが言うのは、ユダヤ人たちに対する彼の最大限の皮肉だったと言えます（一九・六）。

ユダヤ人は伝統的に次のような四つの死刑執行の方法を持っていました。

(1)　剣による
(2)　絞殺による
(3)　火刑による
(4)　石打による

ユダヤ人にとって唯一十字架のようなものを用いたのは、処刑された者の死体を木にかけて晒しものにするということでありました。これは、申命記二一・二二〜二三に規定されています。「ある人が死刑にあたる罪を犯して処刑され、あなたがその人を木にかけるならば、死体を木にかけたまま夜を過ごすことなく、必ずその日のうちに埋めねばならない。木にかけられた死体は、神に呪われたものだからである」。しかし、この木にかけるというのは十字架でなかったことは確かで、高い棒か、文字通り木の枝にぶら下げたということでした。

パウロはガラテヤの信徒への手紙三・一三でこう述べています。「キリストはわたしたちのために呪いとなって、わたしたちを律法の呪いから贖い出してくださいました。『木にかけられた者は皆呪われている』と書いてあるからです。」

このように、主イエスの十字架の死を申命記の記事に当てはめているのです。

この十字架と訳されている言葉はギリシア語でスタウロス stauros と言いますが、もともとは真直ぐな杭という意味でした。私たちが今日思い浮べているようなクロスを意味するものではありませんでした。従って、エホバの証人が、キリスト教で用いる十字架は間違いで、スタウロスは真直ぐな杭だった、というのは嘘ではありません。嘘ではないというのは、スタウロスとはそういうものでもあったということで、十字架ではないというのは間違いです。

従って、十字架には次の四つの種類があったことが知られています。

(1) 真直ぐな棒または杭。　どう用いられたかははっきりしませんが、人を串刺しにし、火あぶりの刑に用いられたのではないかと考えられています。

(2) 大文字のXの形。図II⑦。アンデレの十字架といわれる形。アンデレがこの形の十字架にかけられた、と言われている。

(3) 大文字のT（タウ）図II⑧。初代教会はこれらについて一つ一つ意味付けを与えていますが省略します。タウとはギリシア文字のTのこと。

図II

(4) 今日用いられているもの図I⑤。この形は当時のローマ帝国に特徴的なものでした。ラテン十字架といいます。

もっとも、T型の十字架も用いられた形跡がありますので、一種類だけではなかったと思われます。ただ、この十型の十字架はAD三二〇年以降コンスタンチヌス帝の時に、これはキリストがつけられた形のものだという理由で廃止されました。ローマにおいては、十字架刑は奴隷処刑の手段でした。従って、自由市民は十字架にかけられることはありませんでした。ローマ帝国はパレスチナでは反乱者の処刑に十字架を用いたことが記されています。しかし、用いたものが十型かT型かははっきりしていません。

ユダヤ人にとって、この十字架刑は先程の申命記に記された「木にかけられたものは呪われる」とありますように、嫌われたものでした。更に、これが本来奴隷処刑の手段であったことから、十字架刑が恐怖とともに恥辱とされました。従って、福音書以外の新約聖書では、イエスの十字架の意味を「僕《しもべ》」――これは下男とか使用人の意味ではなく、まさに奴隷ということ――あるいは「恥辱」と結びつけてとらえられていました。フィリピの信徒への手紙二・七～八で「かえって自分を無にして、僕の身分となり、人間と同じものとなられました。人間の姿で現れ、へりくだって、死にいたるまで、それも十字架の死にいたるまで従順でした」と、記されているとおりです。この僕はいま述べました奴隷の意味です。このように、十字架の死にいたるまでということで十字架を奴隷処刑の手段と見たことを表わしています。ヘブライ人への手紙一二・二はこう言います。「このイエスは、御自分の前にある喜びを捨て、恥をもいとわないで十字架の死を耐え忍び、神の玉座の右にお座りになったのです」。そして、このことの故に、コリントの信徒への手紙Ｉ一・二三にあるように、十字架につけられたキリストはユダヤ人には躓きとなり、ギリシア人には愚かなこととされました。つまり、十字架につけられたようなものをキリストとすることは考えられないことであった、ということを示しています。ユダヤ人には、「木にかけられたものは呪われる」ので、そういうものがメシアであるはずはないし、ギリシア人にとっては、十字架刑は奴隷処刑の手段であったので、イエスをキリストとすることは全く愚かなことであったのです。

先に、福音書は主イエスの十字架についてはごく控え目に事実のみを記している、と言いましたが、事実、ニケア信条の基本となったカイザリア信条（これはカイザリアのエウセビウス司教が自分の教会で用いた信条を、三二五年ニケア会議に提出したものですが）には「主はわれらの救いのために肉体を受け、人々のうちに住み、苦しみを受け、三日目によみがえり」となっていました。そこには、「十字架につけられ」ということは触れられていません。従って、このニケア会議で最初に制定されたニケア信条には、「十字架にかかり」という言葉は入っていません。それは、四五一年カルケドン会議において、手を加えられて今日のニケア信条（正確にはニケア・コンスタンティノポリス信条）と呼ばれるものになったのです。ここで初めて「われらのため、ポンテオ・ピラトのもとに十字架につけられ、苦しみを受け」と告白されることになりました。

エルサレムのヴィア・ドロロサ（苦難の道）の一四のステーションが最終的に確立されたのは一九世紀になってからですが、そして、このコースの正確性は分かりませんが（当時の地表は現在のものより下にあると想定されます）、また、幾つかの挿話は別として、このステーションの順序は当時の十字架刑執行の様子を伝えていると言ってよいと思います。それは、判決→鞭打ち→十字架をもって刑場へ→衣服を脱がされ→十字架にかけられる→十字架が立つ、となって、それが果たしてそこであったかは別として、こういう順序は当時の処刑の様子を示していると言えます。

では、福音書記者は十字架をどうとらえたのか。

主イエスは三度受難の予告をされます。マルコによる福音書によれば、まず八・三一〜、フィリポ・カイザリアにおける信仰告白のすぐ後でなされます。そこでは、ペトロがサタンと呼ばれる記事がそれに続きます。二度目は九・三〇〜三二にあります。三度目は一〇・三二〜三四です。これらには、いずれも十字架についての言及はありません。マタイによる福音書では、三度目に十字架について触れられています（二〇・一九、人の子を侮辱し、鞭打ち、十字架につけるためである）。ルカには出てきません。ただ、マルコでは、最初の予告の後で、ペトロに「サタン、引き下がれ」と言われたのに続いて、「わたしの後に従いたい者は、自分を捨て、自分の十字架を背負って、わたしに従いなさい」と言われています。このことは、マルコがイエスのヴィア・ドロロサの開始を地理的にではなく、神学的意味においてこのところに置いていたと思われます。そして、実際のヴィア・ドロロサでは主イエスご自身が十字架を背負って歩まれることとなりました。

のちに、アレクサンドロとルフォスの父であるキレネ人シモンは、兵士たちに無理に主イエスの十字架を背負わされました。その不条理さにシモンが呻いていたときに、彼は主イエスが彼自身の十字架を背負っておられるのを見た、と伝えられています。しかし、福音書においては、十字架についてこれ以上の考察を見出すことはできません。

パウロにとって、十字架は単に十字架刑を指すだけではなく、彼の神学のキーワードでありました。パウロの書簡は新約聖書において十字架の意義を伝える最古の文献ですが、しかし、パウロの書いた最も古い書簡であるテサロニケの信徒への手紙Iには十字架という言葉は出てきません。ガラテヤの信徒への手紙においては、二章、六章で十字架について言及しています。

パウロは、ユダヤ教的律法主義が教会のなかへ侵入してくることに対して、主イエス・キリストが十字架において、申命記に言っている神の呪いを一身に受けられたということによって、信仰者を律法の呪いから解放したのだ、と言います。律法は人を救わない。律法は人を義としない。従って、律法によって義とされようとすることはキリストの十字架を否定することなのだ。洗礼と割礼の二本立て、信仰と行為という二本立てはきわめて危険で、それは人を再び律法の呪いのなかに引きずり込むことになる、とパウロは強調します。

ここで〝呪い〟というのは律法の与える呪いであって、パウロは律法そのものを否定しているのではありません。また、主イエスご自身も律法そのものを否定するようなことは言われていません。しかし、ある人は、ここで律法の呪いを克服したのだから、律法はもはや顧みる必要がない、と取っていますが、そういうことではありません。

ガラテヤの信徒への手紙がユダヤ的律法主義に対決しているのに対して、コリントの信徒への手紙Iでは、パウロはグノーシス主義と対決しています。このコリントにおけるグノーシス主義というのは明確なことはあまり分かっていませんが、その主張は霊と知識と知恵の三点であったということです。この思想は教会の中に入り込んできて、教会はある意味で大変困ったのですが、それはキリスト教信仰と見分けがつかなかったのです。ですから、グノーシス的傾向はいつの時代でも避けることのできないもの、存在するものだと言えると思います。グノーシス主義はギリシア思想の一つなので、霊肉二元論に立っていました。霊は尊いが、肉は卑しい。霊は永遠だが、肉は滅びる。霊は救われるが、肉は救われない。そういうふうに霊を非常に強調します。そして、神の霊を持つことが救いの（霊的）知識をもたらし、知恵はこの知識によってもたらされる、と言います。そして、知恵はこの人に絶対的自由を得させる。絶対的自由とは私にはすべてのことが許されている、ということになります。パウロは二度にわたって、コリントの信徒への手紙Iの中で批判しています。六・一二「『わたしには、すべてのことが許されている。』しかし、すべてのことが益になるわけではない。『わたしには、すべてのことが許されている。』しかし、わたしは何事にも支配されない」。一〇・二三「『すべてのことが許されている。』しかし、すべてのことが益になるわけではない。『すべてのことが許されている。』しかし、すべてのことがわたしを造り上げるのではない」。ここの『』の中はグノーシスの人が言っていることなのです。知識・知恵のなかに救いがあるので、他の救いは必要がない、と彼らは言います。従って、霊的キリストのみを重んじ、ナザレのイエスはただの人間としてしか見ていませんでした。そうしますと、イエスの十字架は否定され、イエス・キリストは肉なるイエスと霊なるキリストの結合で、霊なるキリストが肉なるイエスに仮に宿られたにすぎない、ということになります。そして、十字架にかけられたとき、霊なるキリストは天にある神のもとに帰って行く。死んだのは肉なるイエスにすぎない、ということになります。従って、十字架が私たちの救いにとって必要である、ということは否定されます。そして、このような神の知識を与えられた者はすべての事柄から自由になります。すべては許されることになります。しかし、自分を霊なる者とすることは、人を人間的傲慢とし、共同体の破壊をもたらすことになります。

こうして、パウロはすべての人間の知恵の傲慢を暴くものとして、「十字架につけられたままのキリスト」を提示することになります。コリントの信徒への手紙Ⅰで彼が「十字架につけられたままのキリストを宣べ伝える」と言う所以です。私はこのことは今日も同じだと考えています。霊的なものの過度の重視は、しばしば十字架の軽視に陥ることになります。このことは見逃し得ないことです。

もう一つ取り上げておきたいことは、十字架と復活との関連ということです。

勿論、キリストの十字架と復活のことですが、特に、信仰者の新しい実存が主題になったとき、つまり、信仰者が新しい人になるとき、十字架に言及されるのです。コリントの信徒への手紙Ⅰ一五章は、K・バルトによって〝よみがえりの章〟と言われていますが、ここで取り上げられているのは私たちの復活の初穂としてのイエス・キリストの復活であります。つまり、キリストの復活によって私たちの復活が起こる。そして、この復活の生の反面にあるのが十字架における死となります。ガラテヤの信徒への手紙五・二四、二五にこうあります。「キリスト・イエスのものとなった人たちは、肉を欲情や欲望もろとも十字架につけてしまったのです。わたしたちは、霊の導きに従って生きるなら、霊の導きに従ってまた前進しましょう」。

私たちの復活はその新しい生命にありますが、その反面にあるのが十字架における私たちの死である。こう、パウロは捉えているのです。同六・一四にもこうあります。「この十字架によって、世はわたしに対して、わたしは世に対してはりつけにされているのです」。一五節後半「大切なのは新しく創造されることです」。このように、十字架における古いものの死がなければ、新しいもののよみがえりは起きません。それが、パウロの言うところなのです。グノーシス主義者がどんなにすばらしい霊の人だと自称しようとも、パウロから見れば、それは単なる肉の人にすぎないのです。

パウロはこれらのことをひっくるめて、「なぜなら、わたしはあなたがたの間でイエス・キリスト、それも十字架につけられたキリスト・イエス以外何も知るまいと心に決めたからである」と、断言します。

私たちは、新約聖書のごく初期の文書についてだけ取り上げましたが、このように重要に扱われている十字架が、その後の信仰の中で見えなくなってしまいます。カイザリア信条や最初のニケア信条では「十字架につけられ」という文言がない、と言いましたが、どうしてそうなったのか。これは、グノーシス的信仰が教会のなかで強くなってきたことと関連があると見られます。そういう中で、信条が制定されてゆくこととなり、やがて、「十字架につけられ」と明文化されるに至ったと思われます。十字架はどう信じられ、私たちにとって何であるのか。

キャンベル・モルガンという一九世紀後半から二〇世紀前半に活躍したイギリスの説教者、

神学者は『十字架についての考察』という本の中でこう言います。「キリスト教の体系において中核を示す真理である。それは深遠な奥義であり、最も輝かしい啓示である」。そのように、十字架はキリスト教のなかでは重要な中心であります。マルコによる福音書一〇・四五には十字架という言葉は書かれていませんが、「人の子は仕えられるためではなく仕えるために、又、多くの人の身代金として自分の生命を献げるために来たのである。」と、イエスの言葉を伝えています。「献げる」という言葉は口語訳では「与える」となっています。もともと、与えるという意味合いがあります。身代金は口語訳では「贖い」となっています。これは、イザヤ書五三・一〇、一二から来ていることは疑いありません。これは、元来、奴隷を解放するために支払われた金のことを意味します。

このイエスの言葉は二つのことを表しています。

一つは、十字架が神のご計画であった、ということ。使徒言行録二・二三はペテロの説教という形でこう述べています。「このイエスを神は、お定めになった計画により、あらかじめご存じのうえで、あなたがたに引き渡されたのですが、あなたがたは律法を知らない者たちの手を借りて、十字架につけて殺してしまったのです。」このように、これが神の計画によるものだということを示しています。弟子たちは、イエスの復活ののちにこのことを知るのですが、それまでは、知るところではなく、むしろ、知ることを恐れていた、と聖書は記します。

もう一つは、この「贖い」が交わりの回復、神との和解だということです。私たちは、このことを「罪の贖い」という言葉で表現していますが、「贖う」という言葉は、今日の私たちには分からなくなってしまった言葉の一つではないかと思っています。私は、「贖い」という言葉は和解ということを念頭に置けばよい、と思っています。「贖い」はギリシア語でルトロン(lutron)と言いますが、これは罪からの解放であり、神との和解、交わりの回復を意味します。

以前に述べましたが、「贖い」は英語では二つの表現があります。一つは名詞で redemption、もう一つは atonement です。前者は買い戻すという意味で、後者は一つにすることです。私がこういうことを言うのは、十字架を罪の赦しだと強調するあまり、そこに留まってしまうことになることを、それは違うと言いたいからなのです。

ボンヘッファーは『キリストに従う』の中で、「安価な恵みは教会の不倶戴天の敵である」と言っています。「安価な恵みとは、投げ売り商品同様の恵みである。」「それは教理として、原理として、体系としての恵みであり、それに対して〃然り〃を言う者は、すでに罪の赦しを手に入れている、とされる。罪人のままで赦されているのだから、という。しかし、これは罪の是認であって、義とされることではない。」と言います。そういう意味で、私はカトリック的告解に対して否と言いたいのです。十字架は罪の赦しだけではなく、罪からの解放、神との和解、交わりの回復という積極的意味を持っているのです。

以上のことを踏まえて、十字架の意味について整理をして述べたい。

第一、十字架は神の愛を表わす。パウロは、ローマの信徒への手紙五・六〜八でこう言います。「実にキリストは、わたしたちがまだ弱かったころ、定められた時に、不信心な者のために死んでくださった。正しい人のために死ぬ者はほとんどいません。善い人のために生命を惜しまない者ならいるかもしれません。しかし、わたしたちがまだ罪人であったとき、キリストがわたしたちのために死んでくださったことにより、神はわたしたちに対する愛を示されました」。付け加えれば、ヨハネによる福音書三・一六「神は、その独り子をお与えになったほどに、世を愛された」。わたしたちはそれを十字架上の主イエスの言葉に見ます。ルカによる福音書二三・三四「父よ。彼らをお赦しください。自分が何をしているのか知らないのです」。こう執り成しの祈りを主イエスはされます。また、ルカ二三・四三では、一緒に十字架につけられた強盗に向かって「はっきり言っておくが、あなたは今日わたしと一緒に楽園にいる」と言われます。こういうところに、十字架は神の愛を表わすことが示されています。わたしたちのために死んでくださった方がいる、ということ位大きな愛を示すものはありません。

第二、十字架はわたしたちの罪を示します。

十字架をめぐってどれほど多くの罪が私たちの心の中にあるかが明らかになります。人々は自分の勝手に主イエスを取り扱います。ペトロは主を引き止めようとします。ユダの中には、主が自分の望むままの人であってほしい、との思いが潜んでいます。ユダヤ人指導者には主に対する妬み・憎しみがあります。群衆は付和雷同します。弟子たちは最後の晩餐の席上、だれが一番偉いか、ということで論争します。恐れのあまり、ペトロは主を否認し、弟子たちは逃げてしまいます。更に、判決を先取りし、証人を無視した大祭司カイアファの下での不当な裁判、ピラトは主の無罪を認めつつも、事を収め、地位の安全を図るため主を十字架につけるため引き渡します。そして、私たちはその何処においても私たち自身の姿をその中に見出すのです。先程、二編一七七番を歌いましたが、それはその事を示しています。

第三、十字架において、主は私たちの罪を担われます。私たちはそのことを、エルサレムを見て涙を流し給うた主に見ます。ルカ一九・四一～四四。また、ゲッセマネの祈りにそれを見ます。ある人は言います。「主はその時、『この杯をわたしから取り去ってください。しかし、どうしても飲まなければならないのなら、わたしの心のままではなく、あなたの心のままにしてください。』と祈ったが、イエスが飲まなければならなかった杯はわたしたちの罪が混じっている杯であった」。

十字架上の主イエスの叫び「わが神、わが神、なぜわたしをお見捨てになったのですか。」（マルコ一五・三四）の中に私たちは、主が私たちの罪を担っておられる姿を見出だします。しかし、私たちの罪を担われたということは、私たちに代わって神の罰を負われた、つまり、神は私たちを罰する代わりに主イエスを罰されたということではありません。それは不当なことです。神は罪の罪たることを明らかに示さなければなりません。そして、主はその罪人たる私たちと全く一つになられた。これが、主が私たちの罪を担われた、ということの意味なのです。

第四、十字架は私たちを罪から贖い、解放します。

十字架においてこれほどまでに深い罪を知った者は、最早、罪の奴隷になっていてはならないことを知り、主に従う思いへと導かれます。それが罪からの解放であり、神との和解です。このことを抜きにして、罪からの解放はあり得ませんし、神との和解により一つとされることは起り得ません。

第五、十字架は私たちの罪に従って生きてきた古い人の死を意味します。ローマの信徒へ手紙六・六、七はこう言います。「わたしたちの古い自分がキリストとともに十字架につけられたのは、罪に支配された体が滅ぼされ、もはや罪の奴隷にならないためであると知っています。死んだ者は罪から解放されています」。キリストとともに十字架につけられたことを抜きにしては、罪からの解放はありえない、ということはそういう意味です。

第六、十字架は私たちを神と最早引き離す者はない程に堅く結びつけることを意味します。ローマの信徒への手紙八・三一以下。特に三二節「わたしたちすべてのために、その御子をさえ惜しまず死に渡された方は、御子と一緒にすべてのものをわたしたちに賜らないはずがありましょうか。」三五節「だれが、キリストの愛からわたしたちを引き離すことができましょう」。三九節「高い所にいるものも、低い所にいるものも、他のどんな被造物も、わたしたちの主キリスト・イエスによって示された神の愛から、わたしたちを引き離すことはできないのです」。十字架はこのことの保証です。

第七、十字架は勝利です。このことは十字架と復活を結びつけるところに起こります。

十字架は敗北です。しかし、その敗北こそ勝利なのです。従って、敗北だけを言うことは正しくありません。十字架は苦難です。しかし、苦難だけを見ることは正しくありません。十字架は同時に栄光なのです。十字架は絶望です。しかし、絶望だけを見ることは正しくありません。その絶望こそ私たちの希望なのです。

勿論、十字架のない復活はありませんが、復活のない十字架もありません。コロサイの信徒への手紙二・一五はこう言います。「そして、もろもろの支配と権威の武装を解除し、キリストの勝利の列に従えて、公然とさらしものになされました」。ここでは、十字架は勝利である、と言われています。

先に保留していた「十字架につけられ」という言葉が信条に付け加えられた意味は何か？　教会の歴史の中で、西方教会（後のローマカトリック）は十字架の神学へ向かう決定的傾向を持っていました。十字架を強調し、贖罪を罪の赦しとしてのみ理解していました。しかし、東方教会（後のギリシア正教、等）は栄光の神学に傾いていました。（念のため。当時の教会はまだ別れてはいなかった。）罪とともに、死からの、その背後にある悪魔からの解放を強調しました。AD四五一年、カルケドン会議で正式のものとなったニケア信条（ニケア・コンスタンティノポリス信条）は、西方教会の要請のもとに「十字架につけられ」が加えられたのです。それ故、十字架が非常に重んじられるようになったのは、重要なことですが、私たちはこの言葉の背後にある十字架の勝利を見失ってはならないのです。

従って、「十字架につけられ」とは、単なる悲惨さの面を言うのではなく、そこには復活という事柄が望み見られている、と受けとめるべきで、私たちはこのように信じつつ「十字架につけられ」と告白するのです。

以上が、「十字架につけられ」と私たちが告白することの意味が明らかにされるようにと願ってのわたしの試みの一つ、と受け取ってほしいと願います。

（参考）讃美歌第二編　一七七番

一　あなたも見ていたのか、
主が木にあげられるのを。
ああ、いま思いだすと、
深い　深い　罪に
わたしはふるえてくる

二　あのとき見ていたのか、
主が釘をうたれるのを。
ああ、いま思いだすと、
深い　深い　罪に

手足がふるえてくる。

三　あそこで見ていたのか、
主が槍で刺されるのを。
ああ、いま思いだすと、
深い　深い　罪に
からだがふるえてくる。

四　あなたも見ていたのか、
主を墓に葬るのを。
ああ、いま思いだすと、
深い　深い　罪に
こころがふるえてくる。

一〇　死にて葬られ、陰府《よみ》に下り

今日は、「死にて葬られ、陰府に下り」を取り上げて学びます。

不思議なことに三世紀半ばにローマ教会で用いられたローマ信条――洗礼告白文として用いられ、使徒信条の基になったもの――には「死にて」はなく、「陰府に下り」もありません。即ち、「ポンテオ・ピラトの下に十字架につけられ、葬られ、三日目に死人のうちより甦り」となっています。さらに、三二五年、ニケア会議がコンスタンティヌス皇帝により召集されると、カイザリアの監督であったエウセビウスは彼の教会で用いられていた信条――通常カイザリア信条と言われる――を採用するよう提案しました。そのカイザリア信条は「苦しみを受け、三日目に甦り」となっているだけです。「葬られ」も「死にて」も「陰府に下り」もありません。ニケア会議はこの提案をそのままには受け入れず、修正をしましたが、この項目についてはカイザリア信条をそのまま採用しました(「主は、我ら人間のため、我らの救いのために降り、肉をとり、人となり、苦しみ、三日目に甦り……」)。しかし、この後、この時採用された最初のニケア信条はさらに手を加えられて、それが今日のニケア信条(ニケア・コンスタンティノポリス信条)となっています。この項目は次のようになっています。「我らのためにポンテオ・ピラトの下で十字架につけられ、苦しみを受け、葬られ、聖書に応じて三日目に甦り」。

私たちは、新約聖書を読むとき、主イエスが死なれたことをできるだけ計画的にといってよいほど強調し、繰り返し述べていることに驚かされます。主イエスは十字架につけられただけでなく、死なれた、と。

三つの福音書は多少の違いはありますが、「主イエスが大声で叫び、息を引き取られた」と述べています。マルコは、百人隊長がイエスが息を引き取られるのを見ていた、と言います。いずれの福音書も大勢の婦人たちがこれを見守っていた、と記しています。こういうように、非常に念入りにイエスの死を述べています。ヨハネによる福音書は、主イエスの死の様子を詳しく述べて「兵士の一人が槍でイエスのわき腹を刺した。すると、すぐ血と水とが流れ出た。それを目撃した者が証ししており、その証しは真実である」(一九・三四、三五)と伝えています。

使徒たちがその宣教を始めたときに、彼らは主イエスの死を強く主張しました。私は、先日(一九九七年五月四日)の説教で彼らは十字架と復活を強調したと言いましたが、それは取りも直さず、死について述べたということであります。ペンテコステの後、ペトロはエルサレムの人々に説教します。「このイエスをあなたがたは律法を知らない者たちの手を借りて、十字架につけて殺してしまったのです」。使徒言行録二・二三。また、三・一五では「あなたがたは、命への導き手である方を殺してしまったのです。」さらに、五・三〇では「わたしたちの先祖の神は、あなたがたが木につけて殺したイエスを復活させられました」とユダヤ人たちの指導者に対して言います。ここでも、イエスの死は強調されています。もっとも、ユダヤ人の指導者たちがこのように自分たちがイエスを殺したという言い方に対しては激しい反発をした（五・二八）ことは明らかです。これは一世紀後半のキリスト教の状況でありました。パウロがコリントの信徒への手紙Ｉ一五・三～四で「最も大切なこととしてわたしがあなたがたに伝えたのは、わたしも受けたものです。すなわち、キリストが聖書に書いてあるとおりわたしたちの罪のために死んだこと、葬られたこと、また、聖書に書いてあるとおり三日目に復活したこと」と言っているのは、これが宣教の概要の重要なことであったことを示しています。

このように死と葬りについての強調の背後には、当時の世界に流行していたグノーシス主義思想があったことは明らかです。このグノーシス主義とは、明確に述べることは難しいのですが、一つのまとまった思想体系というものではなく、思想傾向といった方が妥当のように思います。それがいつ頃始まったかは確定できませんが、まとまった宗教思想と言うものではないので哲学にも影響し、ユダヤ教のなかにも入りこみ、キリスト教のなかにも入ってきました。

グノーシスとは、ギリシア語では知識または認識を意味し、グノーシス思想の中では、選ばれた者の中に秘かに啓示された救いの奥義という霊的知識、あるいは認識を意味しています。この知識・霊的認識を得たものは救われる、と教えるのです。これは、徹底的な二元論に立ち、霊＝精神は善であり尊いが、肉＝物質は悪であり卑しい、とします。このような観点から、神はこの悪しき物質的世界の創造者ではあり得ないと説きます。従って、神が、あるいは神の子が受肉し、真の人となったというようなことはあり得ないことだ、と言うのです。一寸補足すると、グノーシス思想の発生はキリスト教の成立以前からありました。これが色々の形でキリスト教に入ってきたので、沢山の流れがあり、キリスト教から遠くはなれた考えもある反面、キリスト教思想を深めた面もあります。パウロの手紙のなかにもこの影響は見られ、今迄なかったような表現を用いています。

また、パウロの名による手紙（コロサイ・エフェソ・テサロニケII・テモテI、II・テトスの各手紙はパウロが直接書いた手紙ではなく、パウロの名によって書かれたものであると言う説が強い）、特にコロサイ、エフェソの信徒への手紙の中にはグノーシス思想との対決がはっきり示されています。少し時代が下がると、グノーシスの立場からのキリスト教文書が書かれてきています。代表的なものはトマス福音書・ペトロ福音書・ヤコブの原福音書・トマス行伝と言うのがあります。中でもトマス福音書にはイエスの言葉が含まれていると言われます。しかし、聖典としての聖書のなかには取り入れられていません。

使徒言行録八章にフィリポがサマリアで伝道したとき、シモンという魔術師に出会ったことが記されていますが、その文章のなかでシモンが魔術の故に偉大な人物と自称し、一〇節「小さな者から大きな者に至るまで皆、この人こそ偉大なものといわれる神の力だ、と言って注目していた」とあります。二世紀の教父であるユスティノス、イエレナイオス、テルトゥリアヌスなどはこのサマリアのシモンがグノーシスの父であると言っており、その流れの考えを批判しています。また、使徒言行録一三章には、バルナバとパウロがキプロスに宣教したときのことが次のように書いてあります。「ユダヤ人バルイエス（イエスの子の意）という一人の偽預言者に出会った」その時、パウロは彼に対して「あらゆる偽りと欺きに満ちた者、悪魔の子、すべての正義の敵」と言っています。彼はユダヤ教内部でのグノーシスであったことは明らかです。教父たちも彼を非難しています。このように、教会内部にもかなりのグノーシス主義者がいたことははっきりしています。これは思想傾向なのでさまざまな形で教会の中には入り込み、それを識別することはなかなか難しかったと言えます。

ということは、グノーシス的傾向は当時の教会のなかにあったばかりではなく、今日の教会のなかにも存在すると言ってよいのです。キリスト教もまた霊肉二元論に立っているという考えがあります。キリスト教は霊＝精神の尊重と肉＝物質の蔑視の立場に立っていると思い込み、また、思われてきたことを留意しなければなりません。しかし、これはグノーシス主義的傾向であるとしても、キリスト教本来のものではありません。キリスト教は精神主義だと言われますが、私はキリスト教は現実主義だ、と思っています。それは精神的なものだけを重んじるのではありません。

話を戻して、神は霊であるからこの悪しき物質世界の創造者ではあり得ないとし、また、神、あるいは神の子が受肉すること、真の人となることはあり得ない、という考えは、キリストは苦しまなかった、否、苦しむことはあり得ない、と考えることです。グノーシス主義者は言います。イエスは処女から生まれたのではなく、他の人と同じく生まれたヨセフとマリアの子である。そして、他のいかなる人よりも賢く正しかった人である。彼が洗礼を受けたとき、霊的な力によってキリストが彼のうちに鳩の形で降った。それから、彼は知られない父について説教し、奇跡を行なったが、遂にキリストはイエスから離れた。従って、苦しみ、死んだのはイエスであった。キリストは霊的存在であるから苦しむことも死ぬこともないのである。キリストはイエスという人間のなかに仮に現れたのである、とグノーシス主義者は言うのです。つまり、イエスとキリストとを分けてイエスは人間、キリストは霊的存在というのです。グノーシスの外典『ペトロの福音書』は十字架上のイエスの叫びをこう言います。「わが力、わが力、なぜわたしをお見捨てになったのですか」。これは神的キリストに見離された人間イエスの叫びとなっています。

当時のグノーシス主義者の代表はマルキオン派と言われます。その祖マルキオンは、おそらくAD八五年頃の生れ。父はポントス地方のシノペの司教。彼はこの父から破門され、スミルナの司教ポリュカルポスの承認を得ようとしましたが、かえって「サタンの息子」と呼ばれて追放されてしまいました。しかし彼の教説は人々の支持を受け、四~五世紀に隆盛を極め、一〇世紀頃まで残ったと言われています。当時のキリスト教会はこのような思想に対して、キリストは死なれた、それは人間イエスの死ではなく、神の子・キリストの死であった、と強調しなければなりませんでした。福音書やパウロの書簡が繰り返しイエスが死なれたことを強く言わねばならなかった理由はここにあります。

時の推移と共に、キリスト教会に別の異端が生まれました。これはアリウス主義と言われます。アリウス（ＡＤ二五〇～）は三位一体論を否定し、神のみが神であり、子は神ではない、子も一被造物である、子は神の創造に参加したのではない、と主張しました。このことがキリスト教会で論争を巻きおこし、教会の一致を図るためにニケア会議（三二五年）が開かれたのは前に述べたとおりです。

この会議はアリウス主義が当面の問題であったので、三位一体論が主題となり、三位一体的表現のみが強調され、「死にて葬られ」は脇に置かれました。しかし、四、五世紀にマルキオン派が隆盛になったのに対抗して、ＡＤ四五一年カルケドン会議が開かれて、ニケア信条が全面的に受け入れられると共に「葬られ」が挿入されました。従って、今日のニケア信条には先に述べたようにこれが入っているのです。

使徒信条は他の部分ではローマ信条に近いのですが、ニケア信条とは違って簡潔に表現されています。そこで、この所が「死にて葬られ」とありますのは深い意味があったと言えます。

それでは、聖書の時代の人々は死と葬りをどのように捉えていたのでしょうか。（「死と生」について南沢集会で取り上げてお話していますが）その要点は次のようなものです。旧約聖書には霊魂の不滅も死後の生という考えもありません。霊魂の不滅について言えば、不滅とか不死という概念は永遠性につながることなので、それは神についてのみ言えることであって、被造物は有限であり、従って死ぬべき存在でしかありません。

また、人間を霊と肉とに分けて考えることもありません。確かに人間のなかに霊はありますが、それは体と共にあるので体を離れては存在しない、と考えます。ということは、体が滅びるように霊も滅びるものであるということになります。この場合の霊は聖霊というようなものではありません。人間が持っている、神から与えられた霊ということです。死後の生について言えば、そういう考えがなかったわけで復活もありません。あったのはイスラエル民族の未来だけでした。神の約束とその成就がイスラエル民族の信仰の中心でありましたから、終末論的な要素は昔からあったのですが、それが深められたのは捕囚以降であり、捕囚があったので終末論的考えが深められたと言えます。しかしそれはあくまでも後に出てくる黙示思想的なものではなく、現実的なイスラエル民族の復興ということでした。エゼキエル書三七章に有名な枯れた骨の復活の幻の話があります。エゼキエルは非常に多くの枯れた骨のある谷に主の霊に導かれて行きます。そこで、主から「枯れた骨に預言せよ」と命じられ、彼らに預言する。「枯れた骨よ、主の言葉を聞け。これらの骨に向かって、主なる神はこう言われる。見よ。わたしはお前たちの中に霊を吹き込む。すると、お前たちは生き返る」(五節)。そして、「彼らは生き返って自分の足で立った」とあります。しかし、この幻に終末論的な復活思想を見ることはできません。それはあくまで民族の復興でした。個人としての復活ではありません。

この個人としての復活の思想があらわれたのは、BC二世紀のマカバイによる反乱以降のことでした。この時代から終末論的思想が出てきて、それと個人の復活の思想とが結びついたのです。従って、この時の復活は終末の時の復活という思想でしかありませんでした。ヨハネによる福音書一一章のラザロの復活のところでイエスが「あなたの兄弟は復活する」と言われると、マルタは「終わりの日の復活の時に復活することは存じております」(二四節)と言います。これはマルタの理解がユダヤ的伝統信仰——終末の時の復活という——による考えでしかなかったことを示しています。従って、このマルタの信仰はキリスト教的復活信仰を表わしてはいなかったと言うべきなのです。そうなりますと、「死にて」という事柄は一切の生活可能性の終わりを意味します。いかなる意味においても死は終わりなのです。聖書には死を美化したり神聖化する考えは全くありません。むしろ、死者に触れることは最も汚れたことと見做されています。民数記一九・一一以下にこうあります。「どのような人の死体であれ、それに触れた者は七日の間汚れる。彼が三日目と七日目に罪を清める水で身を清めるならば、清くなる。……野外で剣で殺された者や死体、人骨や墓に触れた者はすべて、七日の間汚れる」。このように、汚れを除くためには厳重な清めの儀式が必要とされていました。このことは死霊の祟りを怖れることを意味してはいません。死そのものが汚れていることを示しているに過ぎません。

主イエスもこの考えを継承しておられます。マタイによる福音書二三・二七でこう言われます。「律法学者たちとパリサイ派の人々、あなたたち偽善者は不幸だ。白く塗った墓に似ているからだ。外側は美しく見えるが、内側は死者の骨やあらゆる汚れに満ちている」。従って、死者との交流、口寄せ、霊媒、巫女などは禁じられます。申命記一八・九~一二はこう述べています。「あなたが、あなたの神、主の与えられる土地に入ったならば、その国々のいとうべき習慣を見習ってはならない。あなたの間に、自分の息子、娘に火の中を通らせる者、占い師、卜者、易者、呪術師、呪文を唱える者、口寄せ、霊媒、死者に伺いを立てる者などがいてはならない。これらのことを行なう者をすべて、主はいとわれる」。これは単にこれらの習慣が異教的なものであるからではありません。このことが過去が現在に対して祖先崇拝的、呪術的力を持っていることを意味し、それはそのまま神の支配を犯すことになる、と理解されたからなのです。

K・バルトは『葬られ』という言葉は極めて目立たないように、また、殆ど余計なことのように記されているが、徒らに記されているのではない」と言います。しかし私には、「死にて」より「葬られ」の方が主文であるように思われます。

聖書には壮大な墓を立てるという考えはありませんでした。葬りは丁重になされましたが、墓は特別視されていませんでした。恐らく、K・バルトが言うように、墓は「消失と消滅の性格を死に与え、無常性と死滅性の性格を人間存在に与える」ものでありましょう。

考えの上でも現実的にも、葬りはその人の名を永遠に留めるものではなく、忘れ去られることの象徴です。「葬る」という言葉はなかったことにするという意味を持っています。教会の墓地をつくるとき、石材屋が言ったことですが、墓は三代までの遺骨を収めるに足るスペースが普通だとのことで、大体一五〇年位のもので後は無縁墓になるとのことです。バルトは「人間が墓の中で忘れられることが人間に対する審きである。それが人間の罪に対する神の答えである」と言います。

「陰府に下り」。先に述べましたように、ローマ信条には「陰府に下り」という言葉はありませんでした。原ニケア信条にもなかった。それが最初に信条に現れたのはAD三五〇～三六〇年のシルミウム信条によります。シルミウム信条とは次に述べるような状況下で作られました。三二五年、ニケア会議でアリウス派との論争は決着がついたのではありませんでした。それは一応異端として排除されましたが、時のコンスタンティヌス皇帝は信仰的にはアリウス主義を支援していました。そこで、ニケア会議の立役者であるアタナシウスを三三六年に追放しました。その後も二度にわたって彼は追放されるのですが、第三回目の追放の間にアリウス派は巻返しを図り、シルミウムで会議を開き、そこでシルミウム信条といわれる信条を採択したのです。キリストの神性を否定した異端であるアリウス派が採択した信条なので「シルミウム瀆神信条」とも言われています。

ここで、「陰府に下り」が入ったのですが、それはキリストの人間性の強調として取り入れられたのでした。従って、四五一年に開かれたカルケドン会議でもう一度ニケア信条が審議され確定したときに、ニケア信条（ニケア・コンスタンティノポリス信条）の中から「陰府に下り」は排除されました。

「陰府」という言葉は本来、日本語にはありません。国語辞典にも載っていません。「黄泉」という言葉はありますが、それは地下に湧き出る泉のことで、そこから死後の国のことを言うようになっています。これは中国伝来の言葉でした。「陰府」の方はおそらく暗い所を指しています。これは、ギリシア語ではハデス、英語の聖書ではhellヘルと訳されてきました。このハデスはその基となるヘブル語では「シェオール」と言い、地獄という意味は全くありません。New English BibleはDepth（深い所）と訳しています。新共同訳はすべて陰府で統一しています。拘る必要はありませんが、シェオールにもハデスにも地獄という意味はなく、死者の国ということなのです。

イスラエル民族には不死とか死後の生という考えはなく、すべての人は死ねばシェオールに行く、と考えました。ここは暗く、朦朧とした所で、人はそこでは影のようにある。そして、そこに行くのはすべての人であって、その人の道徳的な価値によって決るのではない。善い人は極楽へ、悪い人は地獄へというような考えはありません。善い人も悪い人も皆シェオールへ行くのです。サムエル記上二八章に興味深い話があります。四節以下。王サウルはペリシテ人と戦うが、どうしてよいか分からず、主の託宣を求めても答えはなく、密かに口寄せ女を呼んで助けを求めた。彼女は死んだサムエルを呼び出し、呼び出されたサムエルはサウロに言う。一九節「主はあなたのみならず、イスラエル人もペリシテ人の手に引き渡す。明日、あなたとあなたの子らはわたしと共にいる」。サムエルはシェオールにいるので、神に従わなかったサウルもサムエルのいる所、即ち、シェオールにいることになります。サムエルであろうが、サウルであろうが、いずれも同じシェオールにいるのです。従って、この死をイスラエルの人たちはこう考えます。詩編六・六「死の国へ行けば、だれもあなたの名を唱えず、陰府にはいればだれもあなたに感謝をささげません」。ですから、この陰府には神様の力も最早及ばない。先ほど言いましたように、地獄という言葉は旧約聖書にはありません。

新約聖書では、地獄という言葉がありますが、もとのギリシア語では「ゲヘナ」です。これはゲヒンノムまたはベンヒンノムという言葉から来ています。「ヒンノムの谷」という意味です。このヒンノムの谷はエルサレムの西と南を取り巻く枯谷のことで、ここは王朝時代には犠牲をささげる聖所（トペテ）が設けられ、バアル神に子供の犠牲と礼拝がささげられたところでした。これはヨシア王によって廃止されましたが、丁度エレミヤが出てきた時代で、エレミヤ書七・三一、三二には次のように書かれています。「彼らはベン・ヒノムの谷にトフェトの聖なる高台を築いて息子、娘を火で焼いた。このようなことをわたしは命じたこともなく、心に思い浮べたこともない。それゆえ、見よ、もはやトフェトとかベン・ヒノムの谷とか呼ばれることなく、殺戮《さつりく》の谷と呼ばれる日が来る、と主は言われる」。その後、この谷はゴミ捨て場となり、やがてユダヤ教においては最終的に処刑の場となり、BC二世紀には地獄を意味するようになりました。従って、新約聖書では、地獄の火に投げ入れられるということでゲヘナという言葉が用いられています。さらに、一世紀の終わりの頃、旧約外典の第四エズラにおいて、陰府とゲヘナが同一視されるようになったのです。

信条にこの言葉「陰府に下り」が入れられたのは地獄とは無関係です。これは単に主イエスが死なれたことを表すもう一つのはっきりした表現です。この言葉が最初に現れたのは先ほど述べたようにシルミウム信条でありましたが、その意図はまさしく主イエスは死なれたことを表すものでした。

真の人である主イエスは人間の行くどん底まで行かれたことを表しています。しかし、このことはシルミウム信条の発見でもなく、また、その信条の意図に留まるものでもありませんでした。ローマの信徒への手紙一〇・六、七で、パウロはこう言います。「しかし、信仰による義については、こう述べられています。『心の中で、だれが天に上るか、と言ってはならない。』これは、キリストを引き降ろすことにほかなりません。また、『だれが底なしの淵に下るか、と言ってもならない。』これはキリストを死者の中から引き上げることになります」。この『底なしの淵』とはシェオールのもう一つの表現であります。ですから、パウロの手紙の中には主イエスが底なしの淵まで行かれた、という考えがあったことを示しています。このことを通して、教会は使徒信条で別の面を切り開いたと言えます。最初の意図は地獄と無関係で、主イエスは死なれたという事実を示すものでしたが、更に、別の視点からこの「陰府に下り」について言うことになります。

『現代における使徒信条』という一九六七年に出された本があります。これは南ドイツ放送が放送した一五人の人による使徒信条による講義をまとめたものですが、その中で、ユルゲン・モルトマンという神学者が「陰府に下り」の項目を書いています。彼は現代における地獄に注目し、地獄は神話にすぎないのではない、と言います。地獄はこの世の現実であり、かつてはシェオールは地獄を意味しなかった。それゆえ、神話的意味における地獄はなくなったが、現実の地獄は存在し、しかも、アウシュビッツの地獄が地上最後のものであるという保障はない、と言います。

そこで、彼は二つのことを言います。

一つは、主イエス・キリストは地獄・陰府の底に立たれた、ということです。人間の最後に行くところが地獄であるならば、主イエスはそこに立ち給う。ペトロの手紙Ｉ三・一九は「そして、霊においてキリストは、捕われていた霊たちのところに行って宣教されました」と言います。「捕われていた人たち」とはシェオールに落ち込んでいる人たちのことを意味します。人々はこれを様々に理解してきました。教会は、これを善い人の霊も悪い人の霊もとは受取りがたかったのです。だから、地獄に落ちた人で、まだ救いには与れないが、善い人であった者の霊だけに救いを働きかけた、という考えを持ちました。しかし、ペトロの手紙の意図は明白で「死んだ者にも福音が告げ知らされたのは、彼らが、人間の見方からすれば、肉において裁かれて死んだようでも、神との関係で、霊において生きるようになるためなのです」（四・六）と言います。彼はすべての霊に救いが提示さるべきだと考えています。しかし、私たちは、ここで止めておくべきだと思います。聖書には、その宣教の結果については何も述べられていません。私はこのように考えます。主は陰府＝地獄の中にもおられる、と。

詩編一三九・八では、すでにこう言っています。「天に登ろうとも、あなたはそこにいまし、陰府に身を横たえようとも、見よ、あなたはそこにいます」。陰府にも神の力は及ぶ、と言うのです。神はすべての者の創造者でありたもうのです。

また、ヘルムート・ティーリケは次のように言っています。「戦後、神学者の会があって、そこである人が色々なこの世の地獄、アウシュビッツのような地獄のなかの出来事を述べて神は死んだ、と言った。すると、オランダのユダヤ人神学者が立って言った。そんなことはない。あの方はそこにおられた。人々と共におられた。ガス室の中にも」。「陰府に下り」とはそういう人間の底にも主はおられる、ということを言っているのです。先ほど歌いましたように、「主のうけぬこころみも、主の知らぬかなしみも、うつし世にあらじかし、いずこにもみあと見ゆ」（讃美歌五三二番二節）と私たちは歌うのです。

もう一つのことは、これに続く「三日目に死人のうちより甦り」と関連して理解すべき事柄です。それは、地獄は征服された、ということです。少なくとも陰府の門は開かれた、と言うべきなのです。マタイによる福音書一六・一三〜フィリポ・カイザリアでペトロがイエスに「あなたはメシア、生ける神の子です」と信仰を言い表したとき、イエスは彼に言われた。「わたしも言っておく。あなたはペトロ。わたしはこの岩の上に教会を建てる。陰府の力もこれに対抗できない」（一八節）。マタイがこの主の言葉を示したとき、陰府の門が開かれたことが告白されていた、と言えます。

このことは、一方においてわたしたちの罪による生の地獄に捕われている人々を解放することを意味します。ルイス・シェリングという人の『罪の心理とその救い』という本の中で、人はあらゆる意味で罪責感にとらわれているということを要約して、それを〝生の地獄〟と言っています。その生の地獄の特徴は敵意と不安である、と言います。一方、トゥルニエは『罪意識の構造』の中で別の角度からこれを見ています。その特徴は本当の罪の自覚の欠如と、それゆえに起ってくる裁きである、と言います。この二つの著作に共通していることは、その悲惨さの中に来られたキリストにおいてこそ罪からの真の解釈はある、ということです。ルターは言います。「汝自身を見るな。地上の悲惨の瞬間に硬直するな。キリストの傷を見よ。そこにおいて汝の地獄は克服されているのだ」。

更に、私たちはこのこと――陰府に下り――を主の十字架の死と復活における勝利、陰府＝地獄に対する勝利と信じるとき、この地上における地獄に対してより戦闘的になり、これと戦うことができることになります。モルトマンは次のように言います。「地獄まで下り給うたキリストは単に艱難における慰めであるだけではなく、また、苦難に沈み行くことに対する神の情熱的なプロテストでもある」。

この「陰府に下り」という信仰告白はこのように力強い意味を持っていることを覚えたいと思います。

一一　三日目に死人の中より甦り

今日は、「三日目に死人の中より甦り」という部分を学びます。

この復活ということはキリスト教信仰の一部ということではなく、欠くことの出来ない重要な要素であります。初代教会の人々は自分たちを「主の復活の証人」と位置付けました。ですから、私たちは通常「福音」と言いますが、キリスト教宣教の中心内容は復活にあるということを知ります。これは重要なことで、ルカによる福音書二四・四六以下では次のように書かれています。

「次のように書いてある。『メシアは苦しみを受け、三日目に死者の中から復活する。また、罪の赦しを得させる悔い改めが、その名によってあらゆる国の人々に宣べ伝えられる』と。エルサレムから始めて、あなたがたはこれらのことの証人となる」。つまり、復活の証人になると言われています。

使徒言行録によれば、弟子たちが主イエスの昇天の後に行なった第一のことは、ユダの欠けを補う主の復活の証人を選ぶことでした。一・二一～二二にこう書かれています。「主イエスがわたしたちと共に生活されていた間、……いつも一緒にいた者の中からだれか一人が、わたしたちに加わって、主の復活の証人になるべきです」。十二人いた弟子たちが一人欠けたから、また一二人にしようというのではなく、主の復活の証人が欠けたから、その証人となるべき人を決めようということであったのです。

使徒言行録には色々な説教がありますが、そこで主の復活に触れていない説教はありません。幾つかの例を挙げます。二・二四〜三六はペンテコステのあとのペトロの説教ですが、三六節でこう言います。「だから、イスラエルの全家は、はっきり知らなくてはなりません。あなたがたが十字架につけて殺したイエスを、神は主とし、またメシアとなさったのです」。三・一五は神殿におけるペトロの言葉です。「あなたがたは、命への導き手である方を殺してしまいましたが、神はこの方を死者の中から復活させてくださいました」。四・一〇では最高法院におけるペトロの弁明の中で主イエスの復活についてこう証言しています。「あなたがたが十字架につけて殺し、神が死者の中から復活させられたあのナザレの人、イエス・キリストの名によるものです」。四・三三は使徒たちの証言という形を取ります。七・五六ステファノの演説ですが、その中にも主の復活のことが言われます。一〇・四〇で、これはコルネリウスに対するペトロの談話ですが、そこにも載っています。一三・三〇〜三七はピシデアのアンティオキアにおけるパウロの説教という形で出てきます。一七・三はテサロニケでのパウロの言葉です。一七・三一はアテネのアレオパゴスにおける有名なパウロの演説ですが、ここでも復活が語られています。二三・六は最高法院におけるパウロの弁明ですが、そこにも出てきます。二四・一〇以下は総督フェリクスの前でのパウロの弁明ですが、ここにも出ています（一五、二一）。二六・八、二三にはアグリッパ王の前でのパウロの弁明があります。こういうことで、使徒たちは口を開けば必ず復活を語りました。従って、復活は宣教の基本的内容であったと言えます。

もし、復活がなかったら、教会の使信から失われたら、その宣教は中心と本質を失うことになります。他のすべての主張は効力を失い、虚しくなるということを聖書は語ります。コリントの信徒への手紙I一五章は非常に重要なところで、K・バルトはこの手紙全体を復活の証言と言い、一五章を甦りの章と言っていますが、この一二～一九節に目を止めたい。「キリストは死者の中から復活した、と宣べ伝えられているのに、あなたがたの中のある者が、死者の復活などない、と言っているのはどういうわけですか。死者の復活がなければ、キリストも復活しなかったはずです。そして、キリストが復活しなかったのなら、わたしたちの宣教は無駄であるし、あなたがたの信仰も無駄です。更に、わたしたちは神の偽証人とさえ見なされます。……死者が復活しないのなら、キリストも復活しなかったはずです。そして、キリストが復活しなかったのなら、あなたがたの信仰はむなしく、あなたがたは今もなお罪の中にあることになります。そうだとすると、キリストを信じて眠りについた人々も滅んでしまったわけです。この世の生活でキリストに望みをかけているだけだとすれば、わたしたちはすべての人の中でもっとも惨めな者です」。それは、復活が教会の使信の中心・本質であるということなのです。

にも拘らず、復活はキリスト教成立の当初から信じがたい事柄でした。マタイによる福音書二八・一六～一七に「さて、十一人の弟子たちはガリラヤに行き、イエスが指示しておかれた山に登った。そして、イエスに会い、ひれ伏した。しかし、疑う者もいた」とあります。十一人の中にさえ疑う者がいたことを隠そうとしていません。ユダヤ人もギリシア人も信じなかったのです。

ユダヤ人がイエスの復活に対して激しい抵抗を示したのは、一つには、「あなたがたが殺して十字架にかけたイエスを神は復活させた」と弟子たちが言ってユダヤ人に責任を負わせた、と言うことだけではありません。ユダヤ教の信仰によると、復活とは終末のときの復活であり、とくに、申命記二一・二三によると「木にかけられた死体は、神に呪われたもの」だから、木にかけられたイエスを復活のキリストと信じることは許されないことでした。従って、復活のキリストには激しい抵抗を示しました。

ギリシア人にとっては、霊肉二元論の立場から、霊は不滅だが、肉体は死んで無に帰してしまうので、肉体の復活という考えはなく、従って、イエスの復活はたわごとのように思われました。これは使徒言行録一七・三二に出てきます。「死者の復活ということを聞くと、ある者はあざ笑い、ある者は、『それについては、いずれまた聞かせてもらうことにしよう』と言った」。「いずれまた聞かせてもらう」というのはいかにも関西的表現で、これは「もうそんな話は聞きたくない」ということなのです。何れにせよ、イエスの復活はたわごとと思われたのです。

これは教会内でも同じで、コリントの信徒への手紙Ⅰ一五・一二以下でパウロは「あなたがたの中のある者が、死者の復活などない、と言っているのはどうしたことか」と言っています。

ここでは、キリストの復活と死者の復活とが分ちがたく結びついていて、死者の復活の否定はキリストの復活の否定になるという文脈の中で捉えられています。しかし、私たちはパウロの時代に、既に教会内にキリストの復活否定の兆しが現われていることをここで知ります。前に述べましたが、グノーシス的異端のなかでは、キリストの十字架の死が否定されることによって、キリストの復活も否定されることになりました。つまり、霊肉二元論は霊は神聖だが、肉は卑しい。霊は不滅だが、肉は滅びる。そうすると、主イエスは二分して、イエスは人間で、キリストは肉的イエスに仮に宿っているに過ぎない。十字架にかけられる時にキリストは既に神のもとに帰った。十字架の上で苦しんだのは肉的イエスだけである、ということになります。従って、救い主であるキリストが十字架の上で死なれたことは否定され、同時に、キリストが甦ることも否定される。まして、肉的イエスの甦りは考えられないことなのです。このことは、信仰的にも重要なことで、もしキリストの復活が否定されると一切の復活がないことになります。従って、死人の復活とキリストの復活は分ち難く結びついているのです。このことは、また、後で述べます。

復活証言の資料は新約聖書にしかありません。

復活の主の顕現証言についての批判は早くからありました。二世紀後半に、ケルソスという人が行なった批判が有名です。彼はローマのプラトン派哲学者ですが、古代における最も有名なキリスト教批判者でした。但し彼の説は、オリゲネスという初代教父の『ケルソス駁論』の

（福音書）	（人々）―主の顕現をみた	（場所）	（み使い）
マタイ	女たち（28•9，10）	エルサレム	主の使い（28•2～7）
	11人の弟子たち（28•16～20）	ガリラヤ	
マルコ	顕現の記事なし――16•8で本文はおわる		白い衣を着た若者（16•5）
ルカ	エマオ途上の二人の旅人（24•13～21）	エルサレム	輝く衣を着た二人の者（24•4）
	ペテロ（24•34）	エルサレム	
	弟子たち（24•36～50）	エルサレム	
ヨハネ	マリヤ（20•11～18）	エルサレム	白い衣を着た二人の天使（20•11，12）
	10人の弟子たち（20•19～23）	エルサレム	
	11人の弟子たち（20•26～29）	エルサレム	
	7人の弟子たち（21章）	ガリラヤ	

ここにあげたのは主な相違点です。この他に墓に行った時刻等があります。

中で知られるだけです。

一八、一九世紀に新約聖書の歴史的・批判的研究、また、本文批評というのが盛んになり、その中で復活についての過激な批判がなされました。

聖書の写本は幾通りもあって、これが少しづつ違っています。この内、どれが正しいか。写した人が敢えて変えたと思われるところもあって、比較検討して本文と思われるものを確定しようという試みがなされました。これを本文批評といっています。

この研究の過程で、批判は復活顕現記事の相互矛盾ということで論じられることになりました。これらの検討の結果、福音書の記述を歴史的事実として見ることは不可能であるとされ、復活は歴史的事実ではなく、信仰的真実であるとされました。

このことはイエスの存在を否定するということではなく、その事柄が歴史的事実として確たる証拠を挙げることができない、ということなのです。従って、復活を歴史的事実としてより信仰的真実としてみるという考えが生じたのです。遠藤周作の『死海のほとり』や『イエスの生涯』はその結論をこういう所から出しています。

しかし、私は歴史的事実ではないが信仰的真実であるというのは、論理的、信仰的矛盾であると考えます。そして、このことはやがて信仰を観念論や哲学に変質させ、ついにはキリスト教信仰の否定に到らせることになります。事実、歴史的・批判的研究から歴史的事実を否定した人の中には信仰を否定した人もいます。

私がこのようなことを述べたのは一つには「三日目に死人の中より甦り」という告白がこのような戦いの中から生まれたことを知って欲しいからなのです。

もう一つには、こうした復活批判・聖書批判は今日もあって、これは全面的に拒否すべきものではなく、聞くべき所もあり、同時にこれへの免疫性を持つ必要があるからです。

さて、聖書における復活顕現記事の矛盾はその背後に極めて多種多様な伝承資料があったことを物語っています。そして、このような伝承があったということは、その相互の相違矛盾に拘らず、復活は事実であったことを示していると言えます。多くの人はこのような矛盾があるから復活は事実ではないといいますが、むしろ、こういう矛盾を持ちつつ多くの伝承があることは、復活は事実であったことを示していることになります。

復活のような驚くべき出来事が叙述・再述されるにつれて幾らかの変化が生じることは異例のことではありません。歴史的事実は色々な形の記述が出てきます。こうした細部の相違は中心的事実の証拠を無効にするものではありません。ある出来事の一群の説明に対して絶対的一致を要求することは誤りです。もし、複数の証言がある出来事の細部に至るまで一致していたとすれば、むしろ、それは作り話であります。ですから、こうした相違は証言の誠実さを示し、出来事の事実性を裏書きするものと言わなければなりません。そういう意味で、相違を指摘されて動揺する必要はないのです。相違があるゆえに出来事は動かしがたいと言えます。

私は復活批判のすべてに目を通している訳ではありませんが、これらの批判者は復活を信じない、または信じ得ない立場から聖書を読んだように思われます。そうであれば、復活批判の根拠と思われるところばかりを発見することとなります。これは一つの大きな問題です。私たちは、もはや、聖書の証言を通して復活の歴史的事実の全貌を再構成することはできないのです。しかし、もし私たちが率直に聖書を読めば、私たちは復活の出来事の事実を確認するに到ります。私の手許に二冊の興味深い『マルコ伝』注解書があります。著者はいずれも赤岩栄。一冊は一九三七年出版、もう一つは一九五七年のものですが、この頃から、彼は次第に歴史的事実としての復活の否定の立場に立つようになりました。彼は、一冊目の本の中でマルコは人としてのイエスの記録に限定して書いたのだと言います。だから、マルコには復活顕現の記事はないのだ、と言うのです。二冊目は、はっきりと歴史的事実と信仰の表象とを区別して捉えています。その結びに、彼はこう言います。「復活の主イエスとの出会いは、出会った人間にとってただ客観的出来事ではなく、その人を転換させる主体的出来事でもある。このような主体的出来事の表現ということに対しては、文書の限界を超えている。ただ、言い得ることは、こうした限界内の記録を読むことで、それを超えた主体的転回が読者にも起るということである」。主体的転回が起るということを彼は認めているのです。

椎名麟三の『私の聖書物語』に、彼の入信の経緯が書かれていますが、彼は若い時、共産党の活動で逮捕され、投獄―転向―出獄の過程で人生に行き詰まり、教会にきて、赤岩牧師から洗礼を受けました。しかし、洗礼を受けても何も変わらない。ただ、どうしても生き生きと生きたかった。聖書を読んでもそこから何も得られない。そこで、聖書の中で一番馬鹿らしい所を読もうと思い、イエスの復活の所を読んだ。素直に読んだ。その内、ルカによる福音書まで読み進んでドキッとした。復活のイエスは弟子たちに「まだ分からないのか。わたしの手足に触ってみなさい」と言って、イエスは手と足を弟子たちに見せた。そして、弟子たちの差しだした魚を食べられた。彼は立っていた地盤が崩れ、肩の荷が下りた感じがして心に喜びが生じた、と述べています。これが彼の回心でした。彼は復活の主を信じました。彼にとって復活は主体的出来事だけではなく、歴史的事実であったのです。師の赤岩栄が歴史的事実としての復活を否定する立場に立った時、彼はそれに耐えられず、三鷹の石島三郎のもとへ行き、そこで信仰の生涯を全うしました。

さて、復活の証言を通して復活の出来事を再構成することはできませんが、ここに二つの重要な証言があります。

一つは、コリントの信徒への手紙Ⅰ一五・三～八です。「最も大切なこととしてわたしがあなたがたに伝えたのは、わたしも受けたものです。すなわち、キリストが、聖書に書いてあるとおりわたしたちの罪のために死んだこと、葬られたこと、また、聖書に書いてあるとおり三日目に復活したこと、ケファに現れ、その後十二人に現れたことです。次いで、五百人以上もの兄弟たちに同時に現れました。そのうちの何人かは既に眠りについたにしろ、大部分は今なお生き残っています。次いで、ヤコブに現れ、その後すべての使徒に現れ、そして最後に、月足らずで生まれたようなわたしにも現れました」と記されています。このコリントの信徒への手紙はパウロの真正の手紙で、ＡＤ五四年頃に書かれたものです。「わたしも受けたもの」とパウロは言っていますが、何時彼が受けたのかは正確には分かりません。パウロの回心はＡＤ三三年頃と思われますが、その時か、それから二、三年の間と思われます。従って、復活の事実の伝承はイエスが十字架に架けられてから六年位の間に形成されたものだと言えます。その上、この証言はこの復活の事実は公然として点検できるものだ――大部分は今なお生きている――と言っています。

一寸余談になりますが、「聖書に書いてあるとおり」とは何を示しているのかはよく分かりません。ある人は詩編二章をあげます。これは王の即位の歌と言われますが、七節に「主はわたしに告げられた。『おまえはわたしの子　今日、わたしはお前を生んだ』」とあります。これを使徒言行録一三・三三は引用しています。また、詩編一六・一〇に「あなたはわたしの魂を陰府に渡すことなく、あなたの慈しみに生きる者に墓穴を見させず」とありますが、これはダビデについて言われたものです。しかし、ダビデについてはこのことは実現されず、そこでこれはメシアについて言われたものと見なされています。使徒言行録一三・三五に「ですから、ほかの箇所にも『あなたはあなたの聖なる者を　朽ち果てるままにしておかれない。』と言われています」とあります。復活させられたのはメシアである、と言うのです。

私たちはこれらの聖書の言葉から復活を創作したのだとは考えることはできません。復活の事実があって、その聖書的根拠をここに見出したと言うべきなのです。

もう一つの重要な証言は、マルコによる福音書一六・一～八です。ここは、今日、学者たちによって受難物語と呼ばれるものに属しています。イエスのエルサレム入場から受難・復活までが物語として一連の形でまとめられたのは、主イエスの物語の最初のものであった、ということは皆が一致して認めているところです。これはAD五〇年以前にまとめられたとされています。そして、このような資料を基にして福音書は書かれたのです。

しかし、もともとのマルコによる福音書は一六・八で終わっているのです。九節以下は後から付け加えられたものです。そして、重要な写本では欠けているのです。この一六・一～八の記事では復活の主の顕現はなく、「婦人たちは墓を出て逃げ去った。震え上がり、正気を失っていた。そして、だれにも何も言わなかった。恐ろしかったからである」と言うところで終っています。そこで、復活はなかったのだと言われましたが、今ではこの証言は信憑性が高いと言われています。もし、この福音書記者が復活を見たことを信じさせようとすれば、これがユダヤ人が書いたものであれば、復活の主の証人を女たちにすることはなかった。つまり、当時婦人の証言は高く評価されなかったのです。ルカによる福音書はこのことを次のように述べています。二四・一〇、一一「それは(イエスが復活したという天使の知らせを使徒たちに伝えたのは)マグダラのマリア、ヨハナ、ヤコブの母マリア、そして一緒にいた他の婦人たちであった。婦人たちはこれらのことを使徒たちに話したが、使徒たちはこの話がたわ言のように思われたので、婦人たちを信じなかった」。婦人たちの話であったので、たわごとと思ったのです。婦人たちの証言で信用させることは無理だったのです。

従って、この事柄はむしろこの事実の故に信憑性があると言えます。なぜ、マルコはここで終わったのか。赤岩氏の言うように、人としてのイエスに集中したからなのか。復活が事実であれば、マルコも当然それを知っていたはずであるし、これは教会内では周知の伝承であり、マルコにとっては空の墓を提示することで十分であったと思います。

私たちはこの二つの伝承が独立した起源を持っていることに注目したいと思います。マルコの空の墓の物語では復活の主の顕現は示されていません。ここには弟子たちは出てきません。他方、コリントの信徒へのパウロの手紙の方は、墓の場所には何の関連もありません。そして、復活の主の顕現は弟子たちに対して示されています。しかし、いずれも主イエスの復活についての伝承であり、使信です。従って、この二つの伝承資料は互いに補い合い、確認し合うこととによってこの事実を確証づけていると言えます。

この外に、事実による確証があります。

その第一は、「主の日」の存在です。

「主の日」は今日の主日、週の始まりの日です。主の日の起源はペンテコステではありません。ペンテコステは五旬節の出来事ですが、それが日曜日になるのは偶然です。キリスト教徒は最初自分たちを、ユダヤ教のキリスト派あるいはイエス派と見ていました。決してユダヤ教を捨てたのではありませんでした。そして、周りの人々も彼らをユダヤ教の仲間と考えていました。従って、彼らの生活はユダヤ教の信徒としての生活に則ったものでした。ですから、彼らは神殿に行き、また会堂に行きました。そして、安息日を守っていました。その人々が、ある時期からそうでなくなりました。そのことが出てくる最初の聖書の記述は使徒言行録二〇・七です。「週の初めの日、わたしたちがパンを裂くために集まっていると、……」とあります。パンを裂くとは聖餐のことですが、それは礼拝そのものだったのです。それが、週の初めの日に行なわれた。これが主の日の記録の初めです。このことはもっと早くから行なわれていたと思われます。使徒言行録はしばらく後の作品(八〇年代後半から九〇年代前半)ですが、それより早く、コリントの信徒への手紙I一六・二には次のように書かれています。「わたしがそちらに着いてから初めて募金が行なわれることのないように、週の初めの日にはいつも、各自収入に応じて、幾らかずつでも手もとに取って置きなさい」。コリントの教会では週の初めの日、即ち、主の日の集まりが行なわれていました。この土曜日＝安息日から「主の日」への移行の問題は、ユダヤ人が何千年にわたって安息日を守ってきたことからこれを変えることであり、それは容易ならざることでした。まして、自分たちはユダヤ教を捨てたのではなくユダヤ教の中でキリストを信じていると思っていた人たちが、神礼拝に定められた日を土曜日＝安息日から週の初めの日＝主の日に変えたのは、それが主の復活の日であったからなのです。このこと以外には考えられないことです。従って、毎主日が復活祭であったのです。

第二は教会の成立です。

弟子たちは主イエスが十字架にかかって死なれたので四散しました。この四散した弟子たちがもう一度結集し、集会を始めることになりました。それは、そこに何かが起ったからです。それが主の復活なのだ、と弟子たちは言っているのです。使徒言行録五・三五～四〇にこう書かれています。これは使徒たちが最高法院で裁かれる場面ですが、民衆は激高して使徒たちを殺そうとする。それを民衆に尊敬されていたパリサイ派のガマリエルという律法の教師が議場で議員たちに言う場面です。「イスラエルの人たち、あの者たちの取り扱いは慎重にしなさい。以前にもテウダが、自分を何か偉い者のように言って立ち上がり、その数四百人くらいの男が彼に従ったことがあった。彼は殺され、従っていた者は皆散らされて、跡形もなくなった。その後、住民登録の時、ガリラヤのユダが立ち上がり、民衆を率いて反乱を起こしたが、彼も滅び、つき従った者も皆、ちりぢりにさせられた。そこで今、申し上げたい。あの者たちから手を引きなさい。ほうっておくがよい。あの計画や行動が人間から出たものなら、自滅するだろうし、神から出たものであれば、彼らを滅ぼすことはできない」。

たいていこういう運動は指導者が死んでしまうとちりぢりになって消滅してしまう。ところが、この主イエスを信じる群れは主イエスが死んでしまったにもかかわらず、四散し、なくなってしまわなかった。さらに力強く立ち上がって福音を伝え始めたのです。そこには何かが起ったと言わなければならないのです。クラウスナーというユダヤ人の学者は「二千年にわたるキリスト教会の歴史は虚偽の上に建てられることはあり得ない」、と言います。そこには何かが起ったと言わざるをえないし、弟子たちはその何かとは主イエスの復活であると言うのです。

第三は新約聖書の存在です。

福音書はマルコが一番古く七〇年代、マタイ、ルカは八〇年代、ヨハネは九〇年代に書かれたと言われます。しかし、その基になっている資料はおそらく最も古いものは五〇年頃に遡るでしょう。もし、主イエスが十字架上で死なれ、その死体が行方知らずになってしまっただけだとすれば、誰がこのような文書をまとめるでしょうか。

しかも、そこには書いた人・用いた資料が色々と違い、表現の仕方も違いながら、一つの出来事を指し示そうとしているのです。このことを思うと、やはり福音書の背後に主イエスの復活という事実があったと言わざるを得ません。

もう一つは、復活の主イエスとの出会いの証言です。

コリントの信徒への手紙Ⅰ一五・五～八でパウロは復活のキリストについて書きます。「ケファに現れ、その後十二人に現れたことです。……次いで、ヤコブに現れ、その後すべての使徒に現れ、そして最後に、月足らずで生まれたようなわたしにも現れたのです」。パウロは復活のイエスに出会ったことはありません。そうすると、ここで彼が言っているのは、ダマスコ城門の外で光がさして彼が倒れた、と言うあの時以外には考えられません。しかし、パウロはあの時の自分の体験を、この使徒たち、実際に復活の主に出会った人たちの体験と全く同じだと見ています。自分もあの時、復活の主に出会ったのだと受取っているのです。そしてその後もこの復活の主との出会いは色々な人によって証言されています。その人たちはいずれも自分は復活の主に出会ったのだと言っているのです。このことは事実としての復活についての事実による確証と言えます。

さて、復活は初代の教会にとって何であったか。そして、私たちにとって何であるか。

第一に、この復活はキリストの完成した御業に対する神の〝然り〟であると言えます。使徒言行録二・三六はこう書いています。「だから、イスラエルの全家は、はっきり知らなくてはなりません。あなたがたが十字架につけて殺したイエスを、神は主とし、またメシアとなさったのです」。だから、この復活という事柄は主イエスが完成された御業に対して、神が〝然り〟をお与えになったと言えます。

第二に、神の愛がこの宇宙を支配していたという証拠である、と言えます。

ローマの信徒への手紙五・一〇、一一はこう言います。「敵であったときでさえ、御子の死によって神と和解させていただいたのであれば、和解させていただいた今は、御子の命によって救われるのはなおさらです。それだけではなく、わたしたちの主イエス・キリストによって、わたしたちは神を誇りとしています。今やこのキリストを通して和解させていただいたからです」。さらに、八・三一～三九、とくに三四、三五節には、こう書かれています。「だれがわたしたちを罪に定めることができましょう。死んだ方、否、むしろ、復活させられた方であるキリスト・イエスが、神の右に座っていて、わたしたちのために執り成してくださるのです。だれが、キリストの愛からわたしたちを引き離すことができましょう。艱難か。苦しみか。迫害か。飢えか。裸か。危険か。剣か」。パウロはどんなものも、主イエスによって示された神の愛から私たちを引き離し得ないと言います。

第三に、復活は、私たちにおける新しい生の始まりを示します。パウロはキリストの復活を私たちの復活と結びつけました。そして、私たちは、この事において罪を、従って、呪いと死と墓と地獄とを行く手に持っていないこととなり、そこから新しい生が始まることになります。これは私たちの新しい生に関心のない者にとっては、キリストの復活も関心事ではあり得ません。この両者は深く結びついています。私たちが、もし、私たちの新しい生を信じるならば、キリストの復活を信じない訳にはゆかないことになります。

第四に、この復活は私たちにおける希望の担保です。つまり、このことには私たちの未来があることを私たちに示します。そして、希望を持つ者は生きるのです。なぜなら、彼はキリストと共に在るからです。復活の主が私たちと共に在ることが私たちの希望となります。そして、この希望を持つ者はあらゆる困難に耐えることを許されることになります。

第五に、この復活は私たちに対する勝利の告知です。キリストにおける勝利はこの主の復活によって既に獲得されているのです。そして、その勝利は私たちのためのものである、と主イエスは私たちに告げられるのです。ヨハネによる福音書一六・三三はイエスの言葉としてこう語ります。「これらのことを話したのは、あなたがたがわたしによって平和を得るためである。あなたがたには世で苦難がある。しかし、勇気を出しなさい。わたしは既に世に勝っている」。

このように、私たちは信じて「三日目に死人の中より甦り」と告白するのです。

一二　天にのぼり、全能の父なる神の右に座したまえり

今日は、「天にのぼり、全能の父なる神の右に座したまえり」を学びたいと思います。これは二つの部分に分かれていますので、最初に、「天にのぼり」についてお話しします。「天にのぼり」という言葉は、主イエスの生涯の中で理解することも想像することも困難な出来事です。復活もそうでしたが、昇天は私たちにとっては少し重い言葉です。

キリストの昇天を描いた絵画で私たちに感銘を与えるものはありません。田中忠雄氏と柳宗玄氏ともう一人の人の共著で『美術作品のキリスト』という本の中ではキリストの昇天の絵は入っていません。後に出版された柳氏の『キリスト―美術に見る生涯』という本の中では、ミュンヘン国立美術館蔵のAD四〇〇年頃の象牙の浮彫でキリストの昇天が描かれていますが、それはキリストが山に駈けのぼるかのような姿で描かれています。レンブラントに『キリストの昇天』という絵がありますが、私には成功しているようには思われません。以前お話したラファエロの『山上の変貌』という絵はキリストが昇天されているかのような感じで描き現わさています。この方が私には傑作のように思われます。

また、今までに出されたイエスの生涯についての本―イエス伝―においては、そのほとんどに昇天はごく僅かしか書かれていないか、全く触れられていません。矢内原忠雄氏の『イエス

伝』の中にはイエスの昇天は出てきません。

さらに、昇天についての説教は極めて稀です。私自身、聖書の箇所としては取り上げていますが、イエス・キリストの昇天そのものについて説教したことはありません。一寸、言葉を加えたことはありますが。これは、一つには昇天祝日というのがあり、主の復活から四〇日後、すなわち復活節第五主日の後の木曜日になりますが、この日が主日でないために余り取り上げられていません。キリストの昇天を記念する礼拝は四世紀頃から東方教会で始まりました。コンスタンティノポリスの教会では郊外の丘の上まで行列して行き、そこで礼拝が守られ、人々に深い感銘を与えたと言われています。しかし、今は少なくともプロテスタントの教会ではこのような特別な集会を行なう習慣はありません。暦のなかに出てはきますが、特別な行事はありません。

そこで、昇天ということは、復活の続き、あるいは聖霊降臨への導入というように取り扱われることが多いのです。ついでに言いますと、オリーブ山からイエスは天に挙げられたと言われていますので、そのオリーブ山には二つの昇天教会があります。一つは一八七〇年代に造られたロシア正教の教会です。いま一つは四世紀に造られた小さなドームのような目立たない教会です。

聖書に目を向けますと、私たちは昇天について記されていることは非常に少ないことに気付かされます。

マルコによる福音書一六・一九に「主イエスは、弟子たちに話した後、天に上げられ、神の右の座に着かれた」とあります。本来のマルコは一六・八で終わり、九節以下は重要な写本には欠けていて、後世の付け加えであると言われています。しかし、これが載っている写本もあるので付け加えとだけ言い切ることはできません。

ルカによる福音書二四・五〇、五一には「イエスは、そこから彼らをベタニアの辺りまで連れて行き、手を上げて祝福された。そして、祝福しながら彼らを離れ、天に上げられた」とあります。この「天に上げられた」の箇所は口語訳では〔 〕の内にあります。というのは、ある写本には欠けているということです。新改訳では「天に上げられ」は除かれて、「彼らから離れてゆかれた」となっています。英語聖書の Revised standard version 等も同様です。これはどの写本を基準として用いるかで決まるので、新共同訳も岩波版の聖書も「天に上げられ」を入れています。

使徒言行録一・九〜一一に今一度昇天の記事が出てきます。福音書の方はこれに合わせたのだとも言われていますが、もしそうだとすれば、使徒言行録だけがイエスの昇天を述べていることになります。

マタイによる福音書は、ガリラヤの山の上での変貌・顕現の記事はありますが、昇天については一言も触れていません。とは言え、昇天が暗示されている箇所はヨハネによる福音書にはあります（三・一三、一六・六二、二〇・一三）。そこでは、昇天という言葉は使われていませんが、上げられるという言葉が使われています。

しかし、パウロの手紙には、主イエスの昇天は何も書かれていません。エペソの信徒への手紙四・八～一〇には出てきますが、この手紙は、現在ではパウロの真の手紙ではなく、少し後の時代に書かれたパウロの名による手紙であるとされています。テモテへの手紙I三・一六に「あげられ」ということばがありますが、この手紙もパウロの名による手紙とされています。また、ヘブライ人への手紙やペトロの手紙Iにも昇天を暗示するものは出てきます。前に、「天地の創り主」の所で天を空間的概念で捉えることはできない、と言いましたが、先の昇天教会は主イエスがここから昇られたという岩の上に建っているのですが、しかし、主イエスがロケットのように宇宙空間へ上られたとは考えられません。従って、私たちは、主イエスが弟子たちを離れてこの地上の空間を立ち去られた、私たちにとって理解し得る空間を立ち去り給うた、と解するのが至当だと思います。そうすると、それは「どこへ」となりますが、それを示すのが次の言葉となります。即ち、「全能の父なる神の右に」。

それでもなお「天に昇り」に拘るのは、神に向かって出発する場合、「昇る」という表現の方が「降る」という表現よりもはるかに自然であるからです。神は高きに在す神、主イエスはそこから低きに下られた。そして、今や、再び高きに在す神のもとに引き上げられたとすれば、それは「昇る」という表現が最も相応しいことになります。

話を戻して、ルカによる福音書二四章を初めから続けて読むと、この章全体がイエスの復活の日一日の内に起ったこととして記されています。その日、明け方に婦人たちはイエスの葬られた墓でイエスの復活を知らされる、イエスは二人の弟子たちにエマオでご自身を現される、二人は直ぐエルサレムに戻り、他の弟子たちにそのことを話す、こういうことを話しているとイエスがそこに現われ、弟子たちに語りかけ、ご自身を示される、そして、食事をされ、弟子たちにこのことの証人として福音を全世界の人々に宣べ伝えるよう語られる、そこからイエスは彼らをベタニアの辺りに連れて行かれ「天に上げられた」。つまり復活と昇天とは同時に起っています。

そして、ルカは使徒言行録一章では（三節）復活と昇天の間を四〇日と書いています。そこで、ＡＤ四世紀頃から復活節後四〇日目を昇天祝日とするようになったのですが、これは異論なく受け入れられたのではありませんでした。

新約聖書外典に、一世紀末に出された『バルナバの手紙』というのがありますが、そこでは昇天は復活の一週間後、つまり復活の次の主日に起きたとされています。一世紀末に書かれたということはルカの四〇日説が直ちに承認されたことではないことを示しています。

グノーシスの異端にバレンチノス派というのがあって、そこでは復活と昇天の間は一八ヵ月あったとされています。これは、パウロへの復活の主の顕現がイエスの復活後一八ヵ月経ったときに起ったとされ、それは復活の主イエスが最後にパウロに現れてご自身を示された、ということを意味しています。

そのほか、初代教会の教父エウセビウスは復活された主イエスの活動期間は地上における主イエスの活動期間と同じである。即ち三年であると言っていますし、一二年説もあっておのおの説明づけがされています。

このように、ルカの四〇日説は言葉どおりには受けとめられていませんでした。事実、聖書には、四〇の数字は数多く用いられています。ノアの洪水に先立つ雨は四〇日続き、モーセは四〇日四〇夜シナイ山に篭りました。出エジプトの荒野の旅は四〇年、エリヤは四〇日四〇夜神によって備えられた食物を食べました。主イエスは四〇日荒野で悪魔に試みられました。このように、ユダヤ的慣用法では、四〇という数字は確定的な期間を表すものではなく、長くはあるがある限定された期間を表す時に用いられました。おそらく、ルカ自身もそのような意味で用いたのだろうと思います。ですから、彼はルカ福音書の記事と使徒言行録の記事との間の食い違いについて余り重要に考えていなかったのでしょう。

ルカは、使徒言行録一・九にこう記しています。「こう話し終わると、イエスは彼らが見ているうちに天に上げられたが、雲に覆われて彼らの目から見えなくなった」。こう見ますと、山上の変貌の出来事はラファエロの絵が昇天と思い違えられたとおりに、主の昇天の先取りであったと言うことが出来ます。これはルカによる福音書九・三四を見ますと「ペトロがこう言っていると、雲が現れて彼らを覆った。彼らが雲の中に包まれて行くので、弟子たちは恐れた」とあります。ここの記事は復活の先取りと言われますが、むしろ、昇天の先取りといったほうが良いように思われます。雲はユダヤ人にとっては神の現臨、神がここに在すことの象徴でありました。出エジプトの時に、雲の柱がイスラエルの人々を導いた。やがて、幕屋が神の臨在の場所として張られ、モーセが幕屋に入ると、雲の柱が幕屋の入り口に立った。幕屋が聖所として整えられるようになると、雲が幕屋を覆い、主の栄光が幕屋を覆ったと言います（出エジプト三三・七～一〇）。つまり、雲は神の栄光と同義語となります。先程、四世紀の象牙の浮彫りに描かれたキリストは山上を駆け登るように描かれている、と言いましたが、その山を雲が覆って、その山の雲の間から神の手がイエスを捉えて引き上げようとしているのです。

こうした事実としての不確定さにも拘らず、昇天という出来事において示されていることは非常に重要だといえます。

第一に、復活と昇天とは分離できません。使徒信条が主イエスについて告白しているところを「聖霊によって宿り、」から「三日目に甦り」まで現在完了形で辿ってきたわけですが、「天に昇り」は現在完了形で記されている最後の所になります。そして、次の「神の右に座したまえり」は現在形で表されています。しかも、「天に昇り」はこのように下降の線を辿ってこられた末に栄光に入られたことを示しています。パウロはフィリピの信徒への手紙二・六～九でこう言います。「キリストは、神の身分でありながら、神と等しい者であることに固執しようとは思わず、かえって自分を無にして、僕の身分になり、人間と同じ者になられました。人間の姿で現れ、へりくだって、死に至るまで、それも十字架の死に至るまで従順でした。このため、神はキリストを高く上げ、あらゆる名にまさる名をお与えになりました」。この文章のなかでは復活は出てきませんが、無論、復活が含まれていることは疑い得ません。こういう訳で「天に昇り」は復活と切り離し得ないことになります。

第二に、昇天は同時に新しい時の始まりです。

ヨハネによる福音書一六・七～一一にこう書かれています。「しかし、実を言うと、わたしが去って行くのは、あなたがたのためになる。わたしが去って行かなければ、弁護者はあなたがたのところに来ないからである。わたしが行けば、弁護者をあなたがたのところに送る。その方が来れば、罪について、義について、また、裁きについて、世の誤りを明らかにする。罪についてとは、彼らがわたしを信じないこと、義についてとは、わたしが父のもとに行き、あなたがたがもはやわたしを見なくなること、また、裁きについてとは、この世の支配者が断罪されることである」。イエスが去られることは、新しい時代が来ることであると言われています。こうして、昇天は私たちの期待でもあるのです。

昇天とは、イエスをすべての時間的、空間的な制約から解き放って、自由に、あらゆる時に、あらゆる所で、すべての人と共に力強く現臨できるようにすることを意味しています。そのような時の始まりを意味しているのです。

第三に、昇天は、キリストが神の右に在って、私たちのために執り成し給うことを示しています。

パウロはローマの信徒への手紙八・三四でこう言います。「だれがわたしたちを罪に定めることができましょう。死んだ方、否、むしろ、復活させられた方であるキリスト・イエスが、神の右に座っていて、わたしたちのために執り成してくださるのです」。旧約では、神の前で執成しの役目ができるのは祭司、特に大祭司です。だから、ヘブライ人への手紙七・二五ではこう言います。「それでまた、この方は常に生きていて、人々のために執り成しておられるので、御自分を通して神に近づく人たちを、完全に救うことがおできになります」。同四・一四〜一六「さて、わたしたちには、もろもろの天を通過された偉大な大祭司、神の子イエスが与えられているのですから、わたしたちの公に言い表している信仰をしっかり保とうではありませんか。この大祭司は、わたしたちの弱さに同情できない方ではなく、罪を犯されなかったが、あらゆる点において、わたしたちと同様に試練に遇《あ》われたのです。だから、憐れみを受け、恵みにあずかって、時宜にかなった助けをいただくために、大胆に恵みの座に近づこうではありませんか」。

昇天とは、主イエスが神のもとにあって、わたしたちのために執成しをなしてい給うことを表しています。

第四に、昇天はわたしたちにとって希望です。

主イエスが高く上げられたことは、わたしたちも主イエスと共に高く上げられることを示しています。

このことは、一つの時の終わりであると共に、新しい時の始まりを意味します。先程述べましたように、現在完了形から現在形への移行が見られるわけですが、これは啓示の時から現在のキリスト者の時、あるいは、教会の時への移行を表しています。それが、「全能の父なる神の右に座したまえり」という言葉の意味しているところなのです。先に述べましたように、この全能とは、単に何でもできるということではなく、父なる神の救いの御業における全能を意味します。言葉を変えれば、神の全能と、主イエスにおいて示された神の救いの御業とは同じであるということなのです。

さて、「神の右に座したまえり」で思い浮かぶのは、詩編一一〇・一です。

わが主に賜った主の御言葉。

「わたしの右の座に就くがよい。

わたしはあなたの敵をあなたの足台としよう。」

これは原文に忠実に訳すると、次のようになります。

「主がわたしの主に語られたこと。『わたしの右に座れ。あなたの敵たちをあなたの両足の足台におくまで。』」

ここで、最初の主は神・ヤハウェ、原文ではアドナイ。このアドナイとは主ですが、ユダヤ人はアドナイと言いながらヤハウェの名を呼んでいたのです。そして、後の主、わたしの主はメシアのことです。この歌において、ユダヤ人は偉大な王であるダビデによって主と呼びかけられている存在を認めました。そして、主イエスは、マタイによる福音書二二・四一以下で、メシアをダビデの子とするパリサイ人たちに対して「ダビデはメシアをわたしの主と言っているのに、どうしてダビデの子であろうか」と問われているのです。つまり、メシアはダビデの子以上のものであることを、詩編一一〇を引用して示されたのです。と同時に、メシアは神の右に座することをこの時示されました。

神の右に座し給う主イエスについては、新約聖書は様々にこれを伝えています。使徒言行録五・三一で、ペトロは最高法院において「神はイスラエルを悔い改めさせ、その罪を赦すため、この方を導き手とし、救い主として、御自分の右に上げられました」と述べています。また、使徒言行録七・五五では、ステファノは殉教の死に先立って天を仰いで、神の栄光と、神の右に立っておられる主イエスの幻を見た。そして、「天が開いて、人の子が神の右に立っておられるのが見える」と言いました。これらの事柄は、主イエスご自身が「人の子が全能の神の右に座し、天の雲に乗ってくる」と言われたことに基づいています。そして、この「全能の神の右に座り」とは先の詩編一一〇・一によっています。後半の「天の雲に乗ってくる」はダニエル書七・一三によります。こうあります。「見よ、『人の子』のようなものが天の雲に乗り」。先に引用したローマの信徒への手紙八・三四では「死んだ方、否、むしろ復活させられた方であるキリスト・イエスが、神の右に座っていて、わたしたちのために執り成してくださるのです」と、パウロは言います。エフェソの信徒への手紙一・二〇～二三にはこう書かれています。「神は、この力をキリストに働かせて、キリストを死者の中から復活させ、天において御自分の右に着かせ、すべての支配、権威、勢力、主権の上におき、今の世ばかりでなく、来るべき世にも唱えられるあらゆる名の上に置かれました。神はまた、すべてのものをキリストの足もとに従わせ、キリストをすべてのものの上にある頭として教会にお与えになりました」。

これらのことには二つのことを表しています。

第一は、神の右に座っておられるキリストは、王の王、主の主であること。

キリストは、あらゆる権威・権力・勢力・主権の上に置かれる。それは、今の世だけではなく、来たるべき世にも唱えられるあらゆる名の上に置かれます。

今や、主イエスの支配は始まっているのです。マタイによる福音書二八・一八はこう伝えています。「イエスは近寄ってきて言われた。『わたしは天と地の一切の権能を授かっている。だから、あなたがたは行って、すべての民をわたしの弟子にしなさい』」。

たしかに、主イエスの支配はわたしたちの目には隠されています。K・バルトはその『教義学要綱』の中で言います。「このような中間時、終末の時の中に、このような神の待望と忍耐の時のなかに、神の摂理のあの二重の秩序が入ってくる。即ち、教会と国家との聯関が、対立しながらも併存している内的領域と外的領域の聯関が入ってくる。それは、何ら究極の秩序ではない。また、究極の言葉でもない。言うならばそれは、他国の権力のもとに置かれている被占領国のようなものである。けれども、活発な抵抗運動が存在し、キリストの支配を今日既に承認し、キリストの指令に従って動いている人が既にいる。だから、こういう教会と国家、内的領域と外的領域の問題は究極の秩序、究極の言葉ではないと言っているのです。今、キリストの支配はわたしたちには隠されているが、だからといって、この支配がなくなっているのではない。それは始まっている」。こうバルトは言うのです。

私はここである友人の牧師から聞いた話を思い起します。彼は、戦争の終わった時、ミャンマー（ビルマ）にいました。英国軍の捕虜として収容所にいたわけですが、そこを管理していた英国軍のなかにインド人もいました。彼は、インド人の炊事軍曹に可愛がられていました。ある時、そのインド人軍曹が彼に、「おまえにいい言葉を教えて上げる」と言って「〝サラーム〟と言うと、インド人は皆元気になる」と言いました。彼はある時、インド人の兵隊がだらだらと仕事をしているのを見て、〝サラーム〟と彼らに言うと、彼らは〝サラーム〟と答えて、人が変わったように一生懸命仕事をするようになった。また、彼がある時、風邪を引いて軍医の所に行った。インド人の軍医であったので、その軍医に彼は〝サラーム〟と言うと、その軍医はびっくりして〝サラーム〟と言い返し、「どこでその言葉を覚えたのか」、と彼に聞きました。彼がその経緯を話すと、軍医は言いました。この言葉はインド独立運動の指導者チャンドラ・ボースの言った言葉で、「インドは今イギリスの支配下にあるが、インドは必ず独立する。君たちは〝サラーム〟という言葉を聞いたら、どこかで独立の志士たちが働いている。そして、独立は必ず来るということだ」とボースは言ったという。やがて、彼は日本に帰ってきました。しばらくして、インド人の軍医が彼を訪ねてきました。そこで、彼は「〝サラーム〟はまだ生きているか」と訊ねると、そのインド人は、「生きている」と言ったということでした。

私たちにキリストの支配はまだ起きてはいませんが、しかし、私たちはキリストの支配を今日承認し、そのキリストの指令にしたがって動いているのです。「天に昇り、全能の父なる神の右に座したまえり」ということは、そのことを示しているのです。

第二は、これは教会の時の開始を意味しています。

エフェソの信徒への手紙一・二二はこう言います。「神はまた、すべてのものをキリストの足もとに従わせ、キリストをすべてのものの上にある頭として教会にお与えになりました」。教会は王の王・主の主であるキリストの支配を受け、主に従うという特別の仕方でキリストに従属する者たちの群れなのです。そして、主イエスは教会をこの世に派遣されました。マタイによる福音書には、キリストの昇天は記されていませんが、その二八・一八〜二〇において、主イエスは有名な宣教命令を弟子たちに与えています。「イエスは、近寄ってきて言われた。『わたしは天と地の一切の権能を授かっている。だから、あなたがたは行って、すべての民をわたしの弟子にしなさい。彼らに父と子と聖霊の名によって洗礼を授け、あなたがたに命じておいたことをすべて守るように教えなさい。わたしは世の終わりまで、いつもあなたがたと共にいる』」。

つまり、「天に昇り、全能の父なる神の右に座したまえり」とは、幕が下りて、見物人は帰ってしまうということではありません。このことを信じる者は、イエスは主であることを証ししなければなりません。それは、このことが全人類・全世界が知るべきことだからです。そして、このことを信じて派遣されるものには、マルコによる福音書一六・一九、二〇に書かれたことが真実となるのです。「主イエスは、弟子たちに話した後、天に上げられ、神の右の座に着かれた。一方、弟子たちは出かけて行って、至るところで宣教した。主は彼らと共に働き、彼らの語る言葉が真実であることを、それに伴うしるしによってはっきりとお示しになった」。

わたしたちは、「天に上り、全能の神の右に座したまえり」と、告白するとき、天に昇り、そして、王の王・主の主として支配の座についておられるキリストの命令に従い、それを受取って遣わされていることを知るのです。

その時、主はわたしたちと共に働き、そして、そのことが確かなことを示されることになります。

一三　かしこより来りて

今日は、使徒信条一三回目になって、「かしこより来りて、生ける者と死ねる者とを審きたまわん」という一つながりのことを述べていますが、つまり、ここでは再臨と最後の審判のことが言われています。

ハンス・コンツェルマンというドイツの神学者が『現代に生きる使徒信条』という（ドイツの放送局が新旧キリスト教会の神学者・牧師・信徒一二名の人にその各項目を担当して書いてもらい一九六七年に出版した）本の中で、この箇所を担当して書いていますが、その冒頭に彼は次のように書いています。「若し、我々が先ず第一に、この使徒的信仰告白はキリスト教信仰を適切に要約したものと認めるならば、この箇条はキリスト教信仰の最も不愉快な命題ということになる。それは、実際、信仰の効用自身を疑わしいものにしてしまうように思われる。それは、神を信じない者を審くとは書いていない。そうではなく、すべての人をキリスト者も非キリスト者も、プロテスタントもカトリックも、マルクス主義者もイスラム教徒も、聖人も悪い者も、僧侶（聖職者）もこの世の子らもすべて、と書いてある」。つまり、審きというのは、聖書においては、すべての者が神の審きの前に立たされるということだとすれば、このことは私たちが信仰を持っていても審かれるのか、ということになります。そういう意味で、これは非常に不愉快な命題ということになるのではないか、と彼は言うのです。そこで、「かしこより来りて、生ける者と死ねる者とを審きたまわん」という箇条は私たちにとって脇においておきたいものになる、と彼は言うのです。

日本語の使徒信条は「かしこより来りて、」と句読点を打ってあって「生ける者と死ねる者とを審きたまわん」とが分けられています。キリストの再臨と最後の審判との二つの部分に分けて記されていることになります。私も便宜上この二つに分けて考えたいと思います。そこで、今日は「かしこより来りて」に重点をおいて述べます。しかし、この二つは本来、切り離すことはできないものなのです。使徒信条の原文はラテン語ですが、英訳でみると、「from thence He shall come to judge the quick（生ける者の意）and the dead」と書いてあります。つまり、そこから、彼は生者と死者とを審くために来られるであろう、ということになります。ラテン語原文も同じです。即ち、これは二つの部分ではなくて、正しくは一つの文章であり、一つのこととして取り扱わなければならないということですが、今回は、便宜上二つに分けて述べる事にします。

バークレーというイギリスの神学者の言葉を借りて言いますと、「今日、再臨の教理に関して（私は審判についても同じと思いますが）均衡のとれた意見をいうことは難しい。この教理は、二つの面があって、それがアンバランスである。即ち、ある人々は、再臨と審きの教理をあっさり放棄してしまう。（ある人々とここで言われていますが、私―山下―は今日、多くの教会で再臨と審きについて語られることは稀である、と思っています）。一方において、この両者を信仰の中心としてとらえる。これが信仰のすべてを支配し、すべての説教の頂点をなしている、と考える人たちがいる。この間でバランスを取ることは難しい」。

この再臨信仰は、イギリスのウエスレーのメソジスト運動の中に取り入れられ、それがホーリネス系の教会のなかで広く受け入れられました。日本で戦時中、ホーリネス教会が政府に弾圧されたのはこの再臨信仰のゆえでした。そして、更に、セブンスデー・アドベンティスト教会は再臨と共に土曜日安息を強調します。アドベンティストとは再臨主義者という意味です。そこから分かれたエホバの証人は再臨と審判をその信仰の中心としています。

日本基督教団の教会や福音派の教会では再臨信仰は影を潜め、審きの教理は姿を消しています。日本の牧師・神学者の書いた使徒信条の解説書では審きについては殆ど述べていません。前に東京神学大学学長であった桑田秀延氏は『日本基督教団信仰告白　私の自由な解説』という本の中で「キリスト再臨の信仰はキリスト教が現世的になり、又、文化のレベルだけのことになった時、その深い宗教的意味を見失ったようです」と書いていますが、これは大変よく事実を言い表わしていると思います。

しかし、私は、このことは罪についての認識と関連があると思います。つまり、神学的に言うと、創造論と贖罪論・和解論が不徹底であり、罪の認識が甘いときには再臨・審判の信仰が曖昧になります。また、聖霊論への過度の傾斜のみで罪の認識の甘いときには、熱狂主義に陥り、暴走することになります。このことは、再臨と審判の信仰は、使徒信条が示すように主イエスの十字架・復活・昇天と聖霊・教会の間に位置しているということの意味が大事だということを示しています。つまり、再臨・審判の信仰はその前後と切り離して捉えられるべきではない、ということを意味しています。即ち、これまでに告白してきた「……天に昇り、全能の父なる神の右に座したまえり」と、続いて告白される「我は聖霊を信ず、聖なる公同の教会……」の間に、「かしこより来りて、生ける者と死ねる者とを審きたまわん」という信仰が告白されているのです。そういうものとして私たちはこの箇所を捉えることが大切なのです。再臨・審判をそれだけで捉えることは正しくないのです。

さて、私たちは、先に述べましたように、先ず、キリストの再臨について考えたい。そして、その後で審判（生ける者と死ねる者とを審きたまわん）に入ることにしたい。

使徒信条第二項イエス・キリストについての項の全体は「来りたまえり」という完了形と、「父なる神の右に座したまう」という現在形と、それに続く「来りて、……審きたまわん」という未来形とから成っています。この三つの時称で統括されています。そのことを教会暦は表わしています（次頁　図1・2参照ペンツアク著『新教理問答』より）。図1は教会暦を図示しています。先ず、待降節があり、続いて降誕節があり、三〇年のご生涯の後に十字架にかかり、死んで墓に葬られ、三日目に甦り、四〇日後に天に昇られ、その一〇日後に聖霊の降臨があった。そして、再び来たり給うときを待つ。それを教会暦に当てはめたのが図2です。

図１

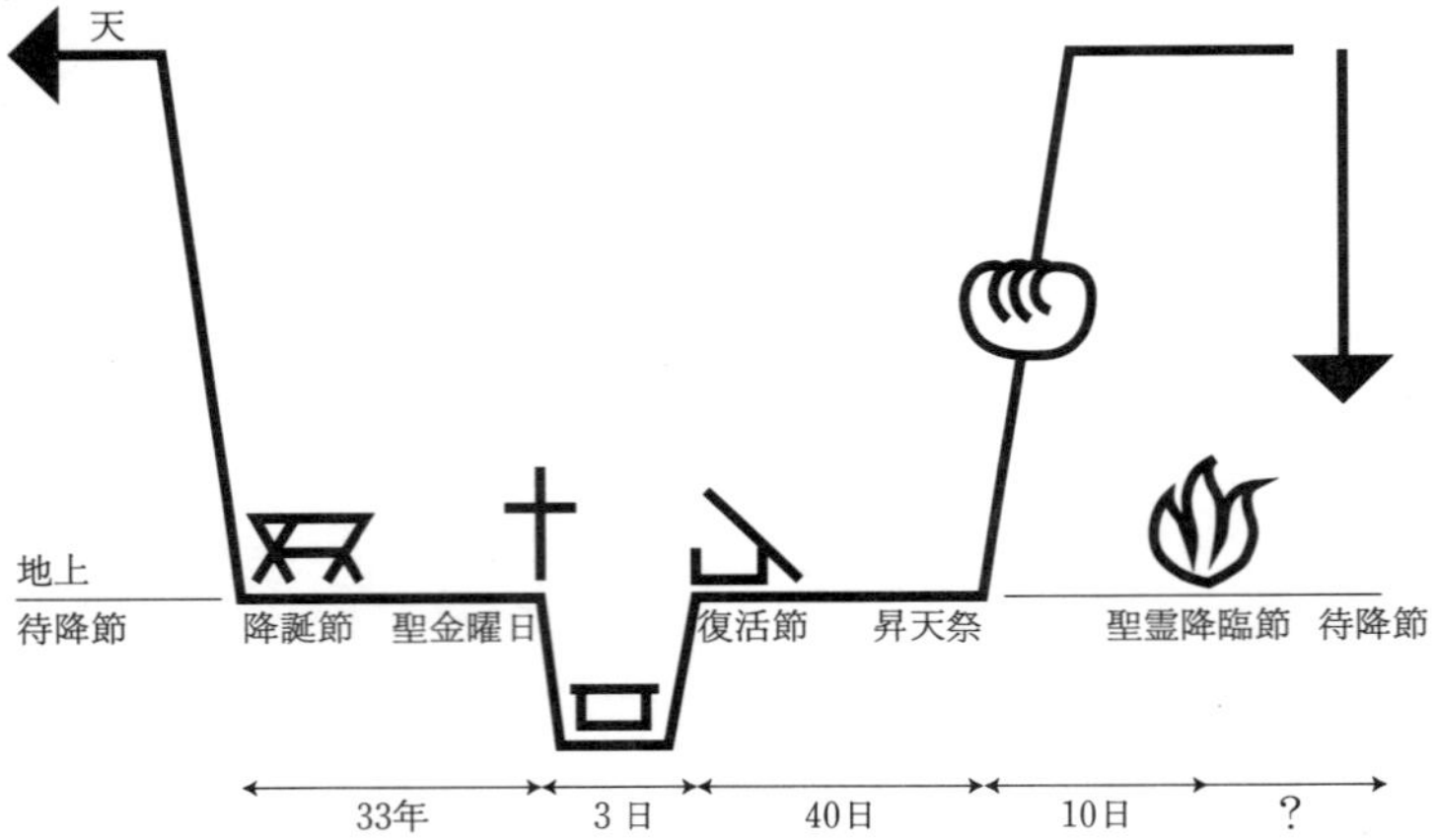

これは、信条のなかの表現と対応させています。イエスの道として彼は来りつつあり、それが信条のなかの表現としては「神の独り子」、祝日として待降節となる。人となられ（降誕節）、身を低くされ（受難節）、甦って高く上げられ（復活祭）、生きつつ支配しています（昇天祭）、そして、働きかつ新しくされる。我は聖霊を信ず、と信条の中で告白し、聖霊降臨節を祝う。彼は再び来られる。「かしこより来りて……」と待ちつつ、また、待降節をむかえる。

このようにして、一年の間にキリストの生涯が、使徒信条の事柄が、季節の事柄として覚えられることになります。逆に、使徒信条が基礎になって教会の暦が出来上がったことになります。

しかし、このことはイエス・キリストの出来事が過去のことであることを意味しません。こ

図2

イエスの道	信条の中の表現	祝日
彼は来りつつあります	神の独り子	待降節
彼は人となられます	やどり……生まれ	降誕節
彼は身を低くされます	苦しみを受け…… 十字架につけられ ……死にて……葬られ ……陰府にくだり	受難節
彼は高く上げられます	よみがえり	復活節
彼は生きつつ支配しています	天にのぼり……座したまえり	昇天祭
彼は働きかつ新しくなさいます	我は聖霊を信ず	聖霊降臨節
彼は再び来られます	かしこより来たりて審きたまわん	待降節

の出来事によって過去のこととなったのは私たちとこの世界の罪と死であり、イエス・キリストはかつて在《いま》し、今在し、やがて来たり給う方であります。ヘブライ人への手紙一三・八は言います。「イエス・キリストは、昨日も今日も、また永遠に変わることのない方です」。

　さて、新約学者でC・H・ドッドという人がいますが、この人の大きな貢献は新約聖書における使徒的使信の要約を確定したことだと言われます。そして彼はこれを〝ケリュグマ〟と名付けました。ケリュグマとは告知・知らせの意味ですが、普通、宣教と訳しています。ドッドは新約の中から色々な説教の形を選んで、その中に新約聖書における基本的な使信は何かを調べました。

　彼は教会における使徒的メッセージの内容は次のようなものだ、と言います。「預言は成就された。そして、新しい時代はイエス・キリストの来臨で開始された。イエスはダビデの子孫から生まれた。彼は我々を現在の悪い時代から救うために死に給うた。彼は葬られた。そして、三日目に甦った。彼の生涯・彼の死・彼の復活など、これらすべての出来事は聖書の明らかな成就である。彼は神の子であり、生ける者と死ねる者の主として神の右に在る。彼は人々の審判者、又、救い主として再び来たり給うであろう」。

一つ二つ注意したいことは、この使徒的使信の要約のなかでは、旧約聖書との関連が明らかにされていることです。預言は成就された。そして、キリストの出来事のすべては聖書の明らかな成就である。従って、初代教会の、また、使徒たちのメッセージの中心は、旧約聖書との関連を見失っていない、と言います。

そして、ここには、他の事柄と共に、再臨と審判が含まれている。使徒たちのメッセージには最初の時から再臨と審判が語られている、と言います。再臨は三福音書では所謂終末預言に集中しています。この終末預言とはマルコ一三章、マタイ二四章(二五章を入れる人もいます)、ルカ二一章に記されています。しかし、この部分を主イエスにまで遡らせうるかということは分かりません。というのは、マルコによる福音書はAD七〇年代に書かれていますので、六六~七〇年のユダヤ戦争を反映しています。ユダヤ戦争とは、ローマ総督の下手なやりかたに激昂したユダヤ人のローマに対す反抗の戦いでした。ローマは大軍を派遣して鎮圧に当たりましたが、四年経っても鎮圧できず、やっと七〇年にエルサレムを包囲し、五ヵ月の攻撃の後に陥落させました。その時、エルサレムは徹底的に破壊され、死者一一〇万人、捕虜九万七千人と言われ、逃れた者はマサダの砦に立てこもって抵抗し、二年半後に全滅させられました。これはきわめて悲惨な状況で、恐らく人々はこれを終末と考えたに違いありません。しかし、マルコはこれは終末ではない、ということを明らかにしたかったに違いありません。マタイもルカもこれにならいました。

とは言え、再臨が主イエスから発していないとは言いえないと、私は思います。使徒言行録一・一〇、一一はこのことを示しています。「イエスが離れ去って行かれるとき、彼らは天を見つめていた。すると、白い服を着た二人の人がそばに立って、言った。『ガリラヤの人たち、なぜ天を見上げて立っているのか。あなたがたから離れて天に上げられたイエスは、天に行かれるのをあなたがたが見たのと同じ有様で、またおいでになる。』」そして、教会が再臨信仰を持ったのは初期からであったことは疑い得ません。

不思議なことに、使徒言行録では、再臨は復活・聖霊降臨ほどには繰り返し述べられていません。ところが、パウロの手紙では、目立って多く語られています。そして、再臨は緊迫した思いを持って待望されています。殊に、パウロの初期の手紙ではこのことが中心的なこととなっています。テサロニケの信徒への手紙Ⅰ（これはパウロの一番初めに書かれた手紙で、パウロの初期の考えがよく表されています）五・一～一一で彼は書きます。「兄弟たち、その時と時期についてあなたがたには書き記す必要はありません。盗人が夜やって来るように、主の日が来るということを、あなたがた自身よく知っているからです。……従って、ほかの人々のように眠っていないで、目を覚まし、身を慎んでいましょう。……」。ここでは、主の来臨が近いということを語っています。テサロニケの信徒への手紙II（これはパウロが書いたものかどうかについて異論がありますが、パウロのものとしておきたい）三・一一に「ところが、聞くところによると、あなたがたの中には怠惰な生活をし、少しも働かず、余計なことをしている人がいるということです。」と書いています。ここでは、再臨が切迫していることが熱狂的に受取られると、日常の仕事、日常の生活をしないということになり、働かず、うろうろ動き回っている、ということが窺い知られます。

そして、とくに、コリントの信徒への手紙I一六・二二でパウロは言います。「主を愛さない者は、神から見捨てられるがいい。マラナ・タ（主よ。来てください）」。ここでは、主よ、来てください、ということをアラム語のマラナ・タという言葉でパウロは述べています。当時のキリスト教会はユダヤ人が主流ではなく、ギリシア人で市民権を持っていたものが主流であったと思われます。その中で、このアラム語がスローガンとなっている、合言葉とされているということは、主が来られることの切迫感があったことを示しています。今日、この言葉は教会から失われてしまっていますが、こういう切迫感はローマの信徒への手紙・フィリピの信徒への手紙・ガラテヤの信徒への手紙などパウロの手紙のなかに共通に見られる事柄なのです。

ところが、コロサイの信徒への手紙・エフェソの信徒への手紙・テモテへの手紙・テトスへの手紙では、これらは今日、「パウロの名による手紙」と言われ、パウロの時代より少し後の時代に書かれた手紙といわれていますが、その頃になると、事情が異なってきます。これらの手紙では切迫した主の来臨の感覚は薄らいできます。従って、パウロ自身の手紙に較べると、主の来臨、主の日についての言葉がないわけではありませんが、切迫感はなくなります。このことは、ヘブライ人への手紙・ペトロの手紙では一層よく現われてくることになります。勿論、これらの文書でも再臨についての言葉がないわけではありませんが、キリストの再臨が遅れるという印象をそれらの文章は持っています。例えば、ペトロの手紙II三・三、四は言います。「終わりの時には、欲望の赴くままに生活してあざける者たちが現われ、あざけって、こう言います。『主が来るという約束は、いったいどうなったのだ。父たちが死んでこのかた、世の中のことは、天地創造の初めから何一つ変わらないではないか』」。これは、再臨が遅れ、緊張感がだんだん薄れてゆくことを物語っています。ペトロの手紙IIは新約聖書では最も後期、AD一〇〇年過ぎに書かれたものと言われます。

さて、ヨハネによる福音書の中には二つの別々の思想傾向があります。

この福音書はAD九〇年頃に書かれたものと言われますが、一つは、パウロと同様に、目に見える未来の来臨と、目に見える未来の審判があるという考えです。もう一つは、キリスト者に対する審判は過ぎ去ったとし、再臨は聖霊降臨において実現し、成就したという考えです。ヨハネにはこの二つの考えが併存し、私たちは、この二つをどちらかに決めてしまうことも、両者を調和させることもできません。否、すべきではないのです。新約聖書はこの両方をパラドックスと緊張の中において記しています。そして、教会はこの両方を保持しました。前に言いましたように、再臨はないのではないか、どうしたのか、という疑問は信仰を根底から揺さぶり動かします。そういうように動かされるとどうなるか。この再臨信仰を堅持しようと思う人たちは、熱狂的になり、暴走するようになります。ユダヤ戦争はローマに対する反感から起ったものですが、この行動を支えていたのは黙示文学的な終末信仰でした。それが、この戦争をあれほどまでに悲惨なものにした、ということができます。

そうでない場合、このことが信仰を根底から揺さぶり、動かしたときには、自堕落な生活に人は陥り、信仰集団そのものを瓦解させます。これは、今日でも同様なことが私たちの周囲に起きています。最近のカルト集団の動きは暴走か、集団の破滅か、ということを示しています。

しかし、キリスト教会はそうなりませんでした。それは何故か。キリストは既に来られた、ということを再発見したからなのです。教会は、それと同時に、終わりの時における再臨信仰をも失わなかったからです。そして、自らをこの〝すでに〟と〝やがて〟の二つの時の間にいるものと規定しました。キリストが既に来ておられるということと、やがて来り給うということの二つの時の間に自分たちが生きている、と規定しました。この二つの時間の間が聖霊の時であり、また、教会の時なのです。

先程の図示しました教会暦の中の「信条の中の表現」において、キリストについての項目のつながりの所で、審判の事柄の前に「我は聖霊を信ず」が入っています。それは「キリストが既に来られた」ということと「やがて来り給う」ということとの間に、聖霊の時が入っていることを示しています。

ちなみに、再臨という言葉はギリシア語にはありません。用いられているのはパルーシアという言葉ですが、これは来臨・そこに居ること、を意味しています。従って、キリストが既に来られたこともパルーシアであり、やがて来られることもパルーシアなのです。同様に、アドベント Advent は来られるという意味です。ところで、この教会の時はその根拠と共に、その目標を与えられたことになりました。それは希望ということです。ここから、キリスト共同体とキリスト者の歩みは起ってきます。自分たちを〝すでに〟と〝やがて〟の間に生きるものとして捉えるところに、教会はその根拠と目標を与えられることになりました。これを共同体として受取るならば、エフェソの信徒への手紙四・一二〜一五「こうして、聖なる者たちは奉仕の業に適した者とされ、キリストの体を造り上げてゆき、ついにはわたしたちは皆、神の子に対する信仰と知識において一つのものとなり、成熟した人間になり、キリストの満ちあふれる豊かさになるまで成長するのです。こうして、わたしたちは、……むしろ、愛に根ざして真理を語り、あらゆる面で、頭であるキリストに向かって成長していきます」と言われているようになるのです。ここで、成熟した人間とは個人についての言葉ですが、共同体のなかでそれが現われると言っている訳です。そして、共同体自身も頭なるキリストにまで成長すると言っているのです。

また、これをキリスト者の内的なこととして受取れば、次の言葉が当てはまります。ヨハネの手紙I二・二八～三・三「さて、子たちよ、御子の内にいつもとどまりなさい。そうすれば、御子の現われるとき、確信を持つことができ、御子が来られるとき、み前で恥じ入るようなことがありません。……愛する者たち、わたしたちは、今既に神の子ですが、自分がどのようになるかは、まだ示されていません。しかし、御子が現われるとき、御子に似た者となることを知っています。なぜなら、そのとき御子をありのままに見るからです。御子にこの望みをかけている人は皆、御子が清いように、自分を清めます」。

こうして、私たちは自分たちの根拠と目標を与えられることになりました。

ただ、過去と現在だけがみ手の内にあるのではなく、未来もみ手の内にあります。詩篇三一・一五（口語訳）はこう語ります。「わたしの時はあなたのみ手にあります。わたしをわたしの敵の手と、わたしを責め立てる者から救い出してください」。目標はまだ達成していませんが、それは必ず来ます。私たちはその時まで、既に来ておられるキリストに養われています。ある人はそれをエリヤに例えています。列王記上一九・一～八によれば、預言者エリヤがイスラエルの王アハブとその妻イゼベルに対し戦いを挑み、バールの預言者たちと大決戦を演じ、彼らに勝って彼らをみな殺しにした後のこと、エリヤはイゼベルからあなたを殺すと言われて、彼は恐れて、逃げました。そして、彼は神に対して死を願った。その時、み使いがエリヤに言います。「起きて食べよ」。彼は起き上がると、彼の足元にパンと水の入った瓶があったので、彼はこれを食べ、水を飲んだ。そして、彼はこれによって力づけられ、四〇日四〇夜歩き続けて、神の山ホレブに着きました。同様に、私たちは既に来ておられるキリストに養われて歩みます。つまり、私たちは悲観的な顔をして座っているわけにはいきません。この世界については悲観的にならざるをえませんが、しかし、私たちは希望をもっています。それは、キリストが既に来られたということと、「かしこより来りて」ということに頼って歩むことができるからです。ペトロの手紙Ⅰ三・一五、一六は言います。「心の中でキリストを主とあがめなさい。あなたがたの抱いている希望について説明を要求する人には、いつでも弁明できるように備えていなさい。それも、穏やかに、敬意をもって、正しい良心で、弁明するようにしなさい。そうすれば、キリストに結ばれたあなたがたの善い生活をののしる者たちは、悪口を言ったことを恥じ入るようになるのです」。

私たちは、この希望について証していかなければなりません。他の人たちと同じように、空疎なことに目をむけず、また、望みなき者のように悲惨な顔をしないで。

私は、黙示録の事について述べてきませんでしたが、黙示録全体が終りの時、キリストの再臨と最後の審判について述べています。この審判は新しい創造でもあります。

この黙示録の成立の時期は、AD八一～九六年のドミティアヌス帝の時代と考えられています。従って、ペトロの手紙Ⅱが書かれた時より前の時代、帝国の組織的迫害の時代で、そのような時代にヨハネの黙示録のような文書が出て来ているのです。今までの歴史を見ますと、こういう苦難の時代が来ると、人々は主の来臨の信仰を強く持つようになります。

韓国では一九七五年五月に、それは全斗煥（チョン・ド・ファン）大統領の時代ですが、一人の大学教授が学園から追放され、一九七六年三月、民主救国宣言に署名した人たちが逮捕投獄されました。この時代は韓国のキリスト教会では非常に暗い時代でした。この暗い時代に、追放された人たちが、普通の教会では礼拝ができないので、ガリラヤ教会というのを作って、戸外で礼拝をしました。そのガリラヤ教会の説教集というのが出版されていますが、その中で、文東煥（ムン・ドン・ファン）教授は、こう言っています。「いかなる時代でも、悪がその極に達すれば、このような待望が再び強くなる。そして、神のみがこの変革を可能にするであろうと信じて、その神を待望する心が日々に強くなる」。そして、何度もマラナ・タを歌った、とこの本は記しています。それを思うと、黙示録は、ドミティアヌス帝の苦難の時代に高まったキリストの再臨と最後の審判への信仰が、燃え上がったときの文書と言えます。

さて、キリストの再臨はいつ、どのように起るのか。それは私たちには想像できません。聖書はこのことを表現するのに非常に古い表象を用いています。それを稲妻・雲・天使という形で表しています。これは、言うに言えないことの表現です。時についても同様です。多くの人がキリストの再臨の時を計算したり、終末の出来事の時間表を作ろうと試みましたが、しかし、使徒言行録一・六、七は言います。「使徒たちが集まって、『主よ、イスラエルのために国を建て直してくださるのは、この時ですか』と尋ねた。イエスは言われた。『父が御自分の権威をもってお定めになった時や時期は、あなたがたの知るところではない』」。このことは他の手紙にも同様なことが言われています。従って、再臨の時期を計算したり、終末の時間表を作成したりすることは主の考えられていることではない、ということになります。そして、そのような試みはいつも訂正、変更を余儀なくされるのです。

私たちは主が必ず来ることを信じつつ、目を覚まして待つことになります。そこで、キリストの再臨を待望する者の在り方はどうなるか。それは、キリストにあって、み言葉に従って生きればよい。そして、そのこと自体が私たちの希望の表明であり、同時に、私たちの目覚めた生き方となります。ルターは言います。「私はキリストが明日来られることを確かに知っていたとしても、やはり、今日も林檎の木を植えるであろう」。これが、キリストを待つ者の生き方と信じます。

このように、「かしこより来りて」は私たちに重要なことを示しています。それは、私たちの根拠であり、目標であり、希望であります。私たちは、「かしこより来りて」という信仰を失ってはならないのです。

一四　生ける者と死ねる者とを審きたまわん

今日は「生ける者と死ねる者とを審きたまわん」、最後の審判のことをお話しようと思います。最後の審判というと、ミケランジェロの「最後の審判」を思い起しますが、これはローマのシスティナ礼拝堂に描かれたもので、彼は初めに天井画として天地創造を描き、それから一四年後に壁画部分、即ち「最後の審判」を描きました。

ミケランジェロがシスティナ礼拝堂の天井画を描いたのは一五一二年なので、宗教改革の始まった一五一七年の五年前でした。そして、彼が同礼拝堂正面の祭壇画として「最後の審判」を描き始めたのは一五三六年彼が六一才の年で、それは高さ一四・五m幅一三mという巨大なもので一五四一年にそれが完成したとき、それを見た人は嵐のような衝撃を受けたと言われています。時の教皇パウロ三世でさえ思わず膝まづいて祈りを捧げたと言われます。反響は瞬く間に全ヨーロッパに広まり、同時に激しい非難が始まりました。何しろ、祭壇正面に裸の大群が描かれているわけで、反宗教改革派の気取り屋の婦人たちの攻撃を封じるために、後にヴォルテルラという人が腰のまわりに青い布を描き加えました。これがヴォルテルラの褌と言われるものです。教皇パウロ三世の式部長官ピアッジオという人が非難攻撃の先頭に立ったので、ミケランジェロは怒って、地獄の隅に描かれた蛇に体を巻き付かせている地獄の王ミノスの顔を、彼に似せて描きました。ピアッジオがこのことで苦情を教皇に言うと、教皇は笑って「彼がそなたを煉獄にほうり込んだのなら私も救いようがあったが、地獄ではどうしようもない」と言ったそうです。

ミケランジェロはこの絵の構想をダンテの『神曲』からとりました。彼はダンテを尊敬しており、またダンテ学者でもありました。

彼は全体を四つに分けて描きました。先ず、最上部には天使の群れがおり、左側はキリストの十字架を運んでおり、右側は殉教の柱を運んでいます。第二の部分はキリストを中心にする天国。キリストは力強く若々しくこぶしを振り上げています。これはほかでは見当りません。右側にいる赤い布を纏っているのは聖母マリア、そしてその脇に十二使徒と殉教者たち（ダンテの神曲に出てくる）。ベアトリイチェがいます。また、聖バルトロメオがいます。彼が手にしている皮に絵が描かれており、それは戯画化されたミケランジェロの顔です。第三の部分は煉獄が描かれています。中央にラッパを吹く天使。左側には天使に引き上げられて天国にゆく人々、右側には地獄に堕ちてゆく人々が描かれています。第四の部分即ち一番下は地獄で左側は墓の中から呼び出されて復活する人々、右側は地獄の渡し守カロンにより追い立てられている人々、その端に立つのが先ほどのミノスです。中央には地獄の洞窟、そして鬼の姿が描かれています。

このようなことから話を始めたのは、K・バルトの『教義学要綱』という使徒信条の講解のなかのこの項、「生ける者と死ねる者とを審きたまわん」というところを正しく理解しようとするならば、このミケランジェロの絵にあるような光景を、できるかぎり却けて、考えないようにしなければならない、と言われているからなのです。

しかし、私はこのような絵が描かれたことにも注意を向けねばならないと考えています。私は「生ける者と死ねる者とを審きたまわん」という言葉を、「かしこより来たりて」の中に含ませて、事実上取り除いてしまうあらゆる試みに対して警戒しなければならないと考えています。つまり、キリストの再臨は言うが、最後の審判は言わないというような傾向には警戒すべきなのです。前回引用しましたが『現代における使徒信条』の中でこの項を担当して執筆したコンツェルマンというドイツの神学者は次のように言います。

「キリスト教の思惟自体においても審きの思想はますます押し退けられている。キリスト教の本質に関する公開の論議においても殆ど何の役割も持たなくなった。概して、キリスト者もそれを苦痛に感じている。それゆえ、我々はそのことを語らない。根本的にいって人はキリスト教の慣習では審きの思想はただ特定の必要がある場合にだけ倉庫から取り出すのである」。これは本当だろうか？　と彼は問うています。

審きの概念は、その宗教が些かでも倫理的であれば、すべての宗教のなかに存在します。倫理的というのは、神が創造者であり主権者である、ということで、すべての者はその下にあり、神はご自分の意志を成し遂げようとして命令を発せられる、というところに初めて成立します。従って、日本の神道は倫理的宗教ではない、つまり、そこでは神の創造・主権という概念はないからです。従って、そこには倫理観は出てきません。そして、倫理的であれば、そこには何らかの形で審きの概念が存在するのです。当然、ユダヤ教も別ではありません。ユダヤ教は功績主義・応報主義的な所があります。従って、審きの思想を避けがたく持っています。

キリスト教も倫理的宗教であるかぎり、審きの思想を含まねばなりません。神が私たちの精神・魂の領域のみではなく、生活の領域まで支配しているならば、神に従うことによってのみ真の幸福は得られることになります。

また、神が創造者であるならば、意図を以て人を創られたのであるならば、人はいつかはその主の前に立って報告しなければなりません。ですから審判の概念はパウロの手紙全体を貫いて述べられているのです。ローマの信徒への手紙二・一から、特に一～一六節はパウロが審きの信仰を抱いていたことを非常によく示しています。そして、神の審きは人の審きによって代行されることはありません。つまり、人の審きが神の審きに取って代ることはなく、神の審きは神のみがなされる、そのことを彼はここで強く述べています。また、コリントの信徒への手紙Ｉ四・五はこう言います。「ですから、主が来られるまでは、先走って何も裁いてはいけません。主は闇のなかに隠されている秘密を明るみに出し、人の心の企てをも明らかにされます。そのとき、おのおのは神からおほめにあずかります」。人間は神に代って裁くことはできないのです。同じく、ローマ一四・一〇～一二にこう述べています。「それなのに、なぜあなたは、自分の兄弟を裁くのですか。また、なぜ、兄弟を侮るのですか。わたしたちは皆、神の裁きの座の前に立つのです。こう書いてあります。『主は言われる。わたしは生きている。すべてのひざはわたしの前にかがみ、すべての舌が神をほめたたえる、と。』それで、わたしたちは一人一人、自分のことについて神に申し述べることになるのです」。ある人はこのことをイエス・キリストの福音のパウロ的歪曲であると言います。そして、パウロは一方では律法からの解放を述べながら、他方で律法的なものを守ろうという矛盾に陥っていると言います。しかし、主イエスの教えも繰り返し審判の教えを含んでいます。しかも、重要な部分に含んでいたことは明らかです。マタイによる福音書二五・一四～三〇は〝タラントンの譬え〟の個所ですが、ここで神は人に恵み・賜物（ドイツ語でGabe）を与えるとともに、課題（Aufgabe）をも与えています。主人はその僕に対して五タラントン、二タラントン、一タラントンを与えるが、与えると同時に、それについて意図・課題があり、それを用いて働きなさいという。最終的に人は神の前で計算・報告をしなければなりません。神が創造者であるならば、意図を以て人を創られたのであるならば、人はいつか神の前に立って報告しなければなりません。そういう考えを主イエスご自身がここで示されているのです。一タラントンを預かった者は、二タラントンあるいは五タラントンを預かった者とは異なって、自分のしたことによって裁かれるのではなくて、彼がしなかったことによって裁かれるということをこの譬えは示しています。だから、これは与えられた課題を果たさなかったことへの審きを意味しているのです。これに続く二五・三一～四六では明らかに天地創造の時が踏まえられています。そして、ここでも左にいる人たち（四一節以下）に対して言われていることは、この最も小さい者の一人にしなかったことのゆえに永遠の罰を受けるということなのです。

私たちはこれらの譬えを、ユダヤ的・律法的なことを色濃く残しているマタイ福音書の生み出した教会・教団だからだ、と言って却けることは許されません。ルカによる福音書一六・一九以下では〝金持ちとラザロの譬え〟が述べられていますが、これは主イエスの最も厳しい譬え話であると言われています。ルカはイエスの教えについてマタイと全く対照的な捉え方をしている人なので、その意味でルカもこういう譬えを用いているのは意味のあることです。ここで、金持ちが陰府でさいなまれるようになったのは何故か。彼は貧しいラザロを彼の家の門前から追い払ったのでもなければ、ラザロが彼の食卓から落ちる食物で腹を満たすことを拒みもしなかった。ただ、彼はラザロを傍観して、ラザロのために何もしてやろうともしなかったからなのです。

ユダヤ教とキリスト教との違い、あるいは、旧約と新約との違いはヨハネによる福音書五・二二、二四にあります。二二節「父はだれをも裁かず、裁きには一切子に任せておられる」。二四節「はっきり言っておく。わたしの言葉を聞いて、わたしをお遣わしになった方を信じる者は、永遠の命を得、また、裁かれることはなく、死から命へと移っている」。ここは両者の違いの際立ったところと言えます。父は誰をも裁かず、裁きは一切子に委ねると言われているのです。しかし、また、ヨハネによる福音書一二・四七〜四八ではこう言われています。「わたしの言葉を聞いて、それを守らない者がいても、わたしはその者を裁かない。わたしは、世を裁くためではなく、世を救うために来たからである。わたしを拒み、わたしの言葉を受け入れない者に対しては、裁くものがある。わたしの語った言葉が、終わりの日にその者を裁く」。たしかに主イエスが与えられたのは恵みであり、生命であります。しかし、それが受け取られないなら、それはその人のものにはなりません。その人は依然として呪いの中に、滅びの中にいる、死の中に留まっている、ということになります。

ローマの信徒への手紙一章でパウロは同様の考えを示しています。一八節以下は人類の罪についての個所ですが、二四節で「そこで神は、彼らが心の欲望によって不潔なことをするにまかせられ、そのため、彼らは互いにその体を辱めました」。二六節「それで、神は彼らを恥ずべき情欲にまかせられました」。つまり、裁きとはそのまま呪いの中に、あるいは、罪の中におかれる、そのままにまかせられるということになる、ということがここで述べられています。

このことをマタイによる福音書二二・一～一四で、イエスは婚宴の譬えを用いて次のように語って示しています。王が王子のために婚宴を催した。しかし、招いた人々は来なかった。他の人々は王の家来に乱暴し、殺してしまった。そこで、王は怒ってこの人殺したちを殺し、町を焼き払った。そして、家来たちに言った。「婚宴の用意はできているが、招いておいた人は相応しくなかった」。そして、家来に命じて見かけたものは誰でも婚宴につれて来させた。婚宴は客で一杯になったが、その中に一人婚礼の礼服を着ていない者がいた。王は彼にどうして礼服を着てこなかったのか、と問いただしたが、彼は黙っていたので、王は側近に言った。「この男の手足を縛って外の暗闇に放り出せ。そこで泣き喚き歯軋りするだろう」。礼服は白い上着で、旧約では神から与えられる恵みの晴れ着なのです（イザヤ六一・一〇参照）。ユダヤでは、招待客には特別の礼服が提供されました。従って、これを着用しないことは主人に対して失礼に当たります。

神奈川教会牧師の坂口良弘という人の書いた『ラビの譬えとイエスの譬え』という本に興味深い話が紹介されています。このラビはヨハナン・ベン・ザッカイと言い、イエスと同時代の人です。彼はコヘレトの言葉九・八「どのようなときにも純白の衣を着て　頭に香油を絶やすな」の注解として、次のような譬えを語っている。即ち、礼服とは備えのことで、律法への献身・実践、そして善行を表わす。内容は、賢い人は礼服を来て直ぐにやって来たが、愚かな者たちは汚れた服のままで駆け付けた。そこで、王は賢い人を喜び迎えたが、愚かな人たちには怒って食卓に着かせなかった。これは主イエスの譬えに似ています。しかし、主イエスはイザヤ書六一・三「シオンのゆえに嘆いている人々に　灰に代えて冠をかぶらせ　嘆きに代えて喜びの香油を　暗い心に代えて賛美の衣をまとわせるために」。同一〇「わたしは主によって喜び楽しみ　わたしの魂はわたしの神にあって喜び躍る　主は救いの衣をわたしに着せ　恵みの晴れ着をまとわせてくださる」。にあるように、礼服を神が贖われた人々に着せる晴れ着、または、神が賜る義の象徴ととらえています。これがキリスト教での伝統的なとらえ方なのです。

讃美歌四一番はパウル・ゲルハルトのコラールですが、その三節はこう歌います。「つみとがとに　汚れしころも　みなぬぎすて、主よりたまわる晴れ着をまとい　みまえにぞはべらん」。確かに、神から賜るものは恵みと救いと生命ですが、私たちはそれを受け取らなければ依然として死と呪いの中におかれていることになります。M・ルターはこのことをこう言います。「領主様が私に五〇〇グルテンやるから取りに来い、と言っておられる。領主様がそういわれるのだから五〇〇グルテンは私のものだ。しかし、私が取りに行かなければ、それは私のものではない」。

イスラエル民族は死後の生を信じていませんでした。人は死ねば、善人も悪人も皆シェオール（陰府）に行く。人はそこで影のように存在する。光も何もなく希望もない。未来の生がないのなら、報いも罰もこの世において起らねばならない。こうして、神に従うものは天の国に受け入れられ、拒否するものは滅亡する。このことがゲヘナの概念と結び付けられました。ゲヘナを地獄と訳すると、どうしても日本に伝統的な地獄・極楽の概念が頭にきますが、わたしは適切ではないと思います。

ゲヘナというと、分からないのは分からないが、地獄と言って誤解するよりも良いと思います。分からないままでゲヘナとは何か、と問う方が正しく理解されます。ところで、ゲヘナはヘブライ語でゲン・ヒンノム（または、ゲ・シノム）です。これはもともとエルサレムの西南を囲む谷で、かっては塵芥焼却場であり、処刑物の死体が投げ込まれた場所といいます。後の王国の時代になると、子供たちがモロクの神に捧げられた（レビ記一八・二一、列王記下一七・一七）ということから呪われた場所と見られるようになりました。もっとも、このような場所としてはBC七世紀にヨシア王によって廃止されました。（列王記下二三・一〇、エレミヤ書三二・三五）そういうことからゲヘナは罪を犯した者・神に敵対する者の最後に行くべき滅びの場所とされました。

ところが、ユダヤ教の思想の中に変化が現れました。それは、正しい者への報いと悪しき者への罰は、現在の時間的体系の中では起らないことが明らかになったためです。それは死後の世界へと移されるようになりました。ですからイスラエル民族は死後の生は信じていなかった、と言いましたが、このように悪しき者が必ずしも罰せられず、善い者が必ずしも報われない現在の矛盾から、死後の世界が捉えられるようになりました。こうして、終末論的理解が起って、天国と地獄の概念が確定するようになりました。

死んだ者は審きのために甦る。生きている者と共に審かれる。先程述べたように、ゲヘナは地獄と訳されました。英語では hell と言いますが、ここから色々な地獄の描写が現れることになりました。このことは不幸なことであったと思います。更に、マタイによる福音書二三・三三では「地獄（ゲヘナ）の罰（刑罰）」という言葉が訳として用いられてしまいました。しかし、ここで用いられている罰のギリシア語はクリシス krisis という言葉で、本来は審きの意味です。その審きとは刑罰ではなく、最後の審判・裁判のことなのです。（岩波版では「ゲヘナの審き」と訳しています）ともかく、このように、キリスト教の中に神の最後の審判は恐ろしい響きをたてるようになりました。ダンテの「神曲」やミケランジェロの「最後の審判」の描写は言うまでもありません。このことは、宗教改革者にも引き継がれ、更に、それはピューリタンの中にも受け継がれました。一八世紀前半、アメリカのニューイングランドで活躍したジョナサン・エドワーズという有名な牧師に「怒りの神のみ手の中にある罪人たち」という説教がありますが、その中で彼は「人が蜘蛛か何か気味悪い虫を火の上にかざすのと殆ど同様に、神はあなたを嫌悪し、激しく怒られて、あなたを地獄の火の上に吊り下げておられるのです」。この説教を聞いた人たちは恐れ、泣きだして懺悔した、そして、大信仰覚醒が起ったと言います。しかし、余りの厳しさに教会役員と衝突し、彼は職を辞することになります。同じような説教者の説教を聞いた一婦人は、会衆の中から立ち上がって叫びました。「先生、神は全く憐れみ給わないのですか」。

バルトがミケランジェロの作り出したような幻影を考えないようにしようと言ったのはこのためです。たしかに、ヘブライ人への手紙四・一二、一三が言っていることは本当です。「というのは、神の言葉は生きており、力を発揮し、どんな両刃の剣よりも鋭く、精神と霊、関節と骨髄とを切り離すほどに刺し通して、心の思いや考えを見分けることができるからです。更に、神の御前では隠れた被造物は一つもなく、すべてのものが神の目には裸であり、さらけ出されているからです。この神に対して、私たちは自分のことを申し述べねばなりません」。私たちはこのような意味での審きを除去すべきではありません。それは福音そのものの中に含まれており、福音と呼んでいる真理の基本的な性格でもあります。福音の語られるところ、従う者と従わない者の分離は必ずあります。しかし、同時に、これに続くヘブライ人への手紙四・一四に、「さて、わたしたちには、もろもろの天を通過された偉大な大祭司、神の子イエスが与えられているのですから、わたしたちの公に言い表わしている信仰をしっかり保とうではありませんか」とあり、同五・一〇まで続く大祭司イエスについて述べているわたしたちのために執り成し給う方、このことも心の中に留めねばなりません。即ち、一二、一三節だけを切り離して取り上げるのではなく、それに続く一四節以下の私たちを執り成し給う大祭司がおられる、このことを一緒に覚えねばならないのです。

結論として、旧約から新約へ、ユダヤ教からキリスト教へと移って大きな変化が起りました。つまり、審き主は神であったのが、キリストに変わったのです。

このことは次のことを生み出します。

「かしこより来たりて、生ける者と死ねる者とを審きたまわん」とは、第一に、人は人を審かないということです。審き主はイエス・キリストです。地獄の刑罰を思い描いた人々は多少とも喜びをもってそれを描きました。ミケランジェロが地獄の長ミノスの顔に式部長官ピアッジオの顔を描いたのは、彼に憤慨したこともあるが、そのことで喜びを感じたのではないかと思われます。ダンテはいささか当時の異端者でしたから、彼は『神曲』の中で彼に反対する人々を地獄にたたき込みました。カルヴァンが異端者セルヴェトスを火刑に処したときも、彼は幾分かは喜びを持ったのではないでしょうか。だから、後の彼の後継者はセルヴェトスのための贖罪碑を建てたのだと思います。

パウロがコリントⅠ四・五で言うのはこのことです。「ですから、主が来られるまでは先走って何も裁いてはいけません。主は闇のなかに隠されている秘密を明るみに出し、人の心の企てをも明らかにされます。そのとき、おのおのは神からおほめにあずかります。」裁き主は主であります。人は人を裁かないということです。

第二に、この「かしこより来たりて、生ける者と死ねる者とを審きたまわん。」も、また、福音であります。

ハイデルベルク信仰問答の問五二はこう言います。

問五二　「生ける者と死ねる者とを審くために」というキリストの再臨は、あなたにどのような慰めを与えますか。

答　わたしがあらゆる悲しみや迫害の中でも頭を上げて、かつてわたしのために神の裁きに自らを差し出し、すべての呪いをわたしから取り去ってくださった、まさにその裁き主が天から来られることを待ち望むように、です。

この方は、御自分とわたしの敵をことごとく永遠の刑罰に投げ込まれる一方、わたしを、すべての選ばれた者たちと共にその御許へ、すなわち天の喜びと栄光の中へと迎え入れてくださるのです。

コンツェルマンは、初めに述べた本の中で、自由について次のように述べています。「罪責を覆い隠すのではなく、恐れなく告白する自由。あるがままに神の前に立つ自由。見込みのないところで真理のために立つ自由。死にいたる自由。これらがこの『生ける者と死ねる者とを審きたまわん』から起ってくる」。パウロはローマの信徒への手紙八・三一～三九でこう述べます。

「では、これらのことについて何と言ったら良いだろうか。もし神がわたしたちの味方であるならば、だれがわたしたちに敵対できますか。わたしたちすべてのために、その御子をさえ惜しまず死に渡された方は、御子と一緒にすべてのものをわたしたちに賜らないはずがありましょうか。だれが神に選ばれた者たちを訴えるでしょう。人を義としてくださるのは神なのです。だれがわたしたちを罪に定めることができましょう。死んだ方、否、むしろ、復活させられた方であるキリスト・イエスが、神の右に座っていて、わたしたちのために執り成してくださるのです。だれが、キリストの愛からわたしたちを引き離すことができましょう。艱難か。苦しみか。迫害か。飢えか。裸か。危険か。剣か。『わたしたちは、あなたのために　一日中死にさらされ、屠られる羊のように見られている。』と書いてあるとおりです。しかし、これらすべてのことにおいて、わたしたちは、わたしたちを愛してくださる方によって輝かしい勝利を収めています。わたしは確信します。死も、命も、天使も、支配するものも、現在のものも、未来のものも、力あるものも、高い所にいるものも、低い所にいるものも、他のどんな被造物も、わたしたちの主キリスト・イエスによって示された神の愛から、わたしたちを引き離すことはできないのです」。

このことのゆえに、私たちは審き主キリストの前に立つことができるのです。審きに対して恐れなく立たせていただくことができるのです。

「かしこより来たりて、生ける者と死ねる者とを審きたまわん」はこのことを現わしています。

一五　我は聖霊を信ず

今日は、「我は聖霊を信ず」の項を学びたいと思います。

一九四八年に、スウェーデン生まれのアメリカの神学者でネルス・フェレーという人がいますが、彼が『信仰の五つの柱』という本を出しました。その中で、「聖霊」の項にこう書いています。「聖霊はキリスト者の信仰と生活の力強い中心的教義であり、現実でなければならない。それなのに私たちは聖霊について何も知らず、また、聖霊そのものすら殆ど知らない有様である」。このことは、今も余り変わっていないように思われます。

私たちは、第一項「父なる神」、第二項「独り子イエス・キリスト」を経て、そして今、第三項「聖霊」の項に到っています。

今、こういう構成をみると、使徒信条は三位一体の教義を保持していると言えます。この教義については以前に（第四回）触れましたが、もう一度振り返ってみます。AD三～五世紀にかけて教会はこの三位一体の教義をめぐって大きく揺れました。何故、この教義が理解困難であったかと言うと、三位一体という言葉は聖書の中にはありません。とは言え、三位一体的表現は聖書のいろいろの所に出てきます。例えば、コリントの信徒への手紙II一三・一三はこの手紙の結びに当たりますが、パウロはこう書いています。「主イエス・キリストの恵み、神の愛、聖霊の交わりが、あなたがた一同と共にあるように」。この言葉は今日でも多くの教会で礼拝のとき祝禱として用いられています。また、マタイによる福音書二八・一九にもこうあります。「……彼らに父と子と聖霊の名によって洗礼を授け」。この言葉は今日、洗礼式に用いられています。

始められて間もない教会にとって大きな波紋を起こしたのは、一つは福音のユダヤ教的律法主義への歪曲でした。これに対する戦いは使徒言行録やガラテヤの信徒への手紙にはっきりと見られます。従って、私たちはそのおおよその姿を描くことが出来ます。ただし、福音の律法主義的歪曲というのは、現在までに完全に払拭されているとは言えません。これは福音主義教会の中にも同様に有りうるのです。私たちもしばしばそれに陥りがちになります。

今一つは、グノーシス主義です。

これはＡＤ一世紀に地中海世界に起こった一つの思想傾向で、特定の宗教ではありません。グノーシスとは知識・認識を意味するギリシア語で、選ばれた者に秘かに啓示される救いの奥義の認識を意味しました。その認識とは、人間の本来的自己と究極的存在であるいと高き方とが本質的に同一であるということ、つまり、自己が神と一つになることと言えますが、そういう認識を持ったものが救われる、ということなのです。そして、このような神秘的、あるいは、霊的な神との合一によって得られる救い、そのためには特別な神秘的礼拝が重んじられました。従って、救いはキリストの十字架の贖いによらなくても達成されることになり、そういう霊的な神との合一を経験すれば救いは達成されることになります。

こうした思想傾向は特定の宗教に依るものでないので、逆に、あらゆる宗教のなかに入って行きました。キリスト教的グノーシス主義もあり、ユダヤ教的グノーシス主義も起りました。そして、その特徴は共通して霊的なものの重視でした。従って、それは必然的に物質的なもの、即ち、被造世界の軽視、あるいは、これを悪として拒否することが起りました。キリスト教会は聖霊を重んじましたが、このグノーシス思想の霊との区別はなかなかつきにくいものでした。そこで、ヨハネの手紙Ｉ四・一～六では、著者は偽りの霊と真理の霊とを見分けることを次のように勧告します。「愛する者たち、どの霊も信じるのではなく、神から出た霊かどうかを確かめなさい」。「イエス・キリストが肉となって来られたということを公に言い表わす霊は、すべて神から出たものです」。「イエスのことを公に言い表わさない霊はすべて、神から出ていません。これは反キリストの霊です」。偽りかどうかを見分けるのは、霊が重視されると、イエス・キリストのことがそっちのけになり、イエス・キリストのことが言われなくなって霊を受けたことだけが言われるようになる、そのことをヨハネは言っているのです。

また、テモテＩ・IIやテトスなど牧会書簡と呼ばれる手紙は、グノーシス主義に対する批判が全体を通して書かれています。しかし、教会のグノーシス主義的傾向はなくなりはしませんでした。キリスト教における霊的・神秘的傾向は主としてローマ中心の西方教会においてではなく、小アジア・北アフリカ中心の東方教会で起りました。特に、アンティオキアとアレクサンドリアが中心でした。ニケア信条成立の発端となったアリウスという人（ＡＤ二五〇～三三六年）はアレクサンドリアの司教でした。

彼の主張は、聖霊に関するものではありませんでしたが、キリストの人性を重んじ、神性を否定しました。これは唯一神論を徹底させるものでした。神は唯一の神、神以外に神性を認めない。イエスは人であったことを強調しました。ニケア会議（ＡＤ三二五年）はアリウスの主張を却け、父と子は同質である、としました。（注・「我らは主イエス・キリスト、神の御子、御父よりただ独り生まれたもの、神よりいでたる神、光よりいでたる光、真の神よりいでたる真の神、造られず、御父と同質なる御方を信ずる」。これがニケア信条です）。アリウスは追放されましたが、アリウス主義はその後も存在しつづけ、今日も尚、存在しています。教派としてはありませんが、一つの神学傾向としてはあります。

三位一体の教義は二つの危険の間を縫って主張されてきました。

一つは三神論の危険です。父・子・聖霊が独立して存在する。これは、従って、三つの神々となります。アリウスが唯一神論を徹底させて主張したのもこういう背景があったからです。私たちは頭では、三位一体の神を信じるが、感情の面では、この三つを何の関連もなく並べていることがあります。

他方では父のみ神であり、御子は偉大な人である。聖霊は非人格的力にすぎない、と主張するものです。そこでは、私たちの救いがキリストによって成し遂げられるということはありません。今日でも、ユニテリアンの人々はその立場にあります。

アリウス派との論争はその後も続き、ようやく、三八一年コンスタンティノポリス会議で三位一体の教義は確立しました。ここで確立したのが今日のニケア信条（正確には、三二五年のニケア信条と区別してニケア・コンスタンティノポリス信条）と言われるものです。ここでは、聖霊の項は次のように述べられています。「我らは聖霊を信ず。聖霊は、主にして、生命を与えるもの、父から出て、父と子と共に礼拝され、崇められ、また、預言者を通して語り給えり」。そして、「我らは教会を信ず。……死人の甦りと来るべき世の生命を待ち望む」と続きます。ところで、ローマ中心の西方教会はAD五八七年、第三回トレド会議でこの「父から出て」を「父と子とから出て」に変えました。これは（第四回の時、述べましたが）、ネストリオスとの論争が反映しているのです。ネストリオスはAD四二八年～四三一年コンスタンティノポリス総主教でしたが、彼は当時広まりつつあったマリアを神の母とする考えに反対し、この称号はキリストの人性に反する、としました。また、神の母という考えは神なる母になる恐れがある、と主張しました。この時、コンスタンティノポリスの会議はマリアを神の母とする言葉を採用したのです。これが後のカトリック教会におけるマリア信仰に結びついて行きます。そのようなことで、ネストリオスはマリアは神の母ではなく、キリストの母である、と主張したのです。

ただ、彼は、キリストの神性に反対したのではありませんでした。彼は、人間イエスが神性を得たのは聖霊による、としたのです。初めから神性を持っていたのではなく、「聖霊によって生まれ、聖霊によって公生涯を始めた」と主張しました。つまり、あとから聖霊を与えられて神性を得た、と言うのです。

ということは、聖霊は〝父と子から〟か〝父から子へ〟か、と言うところが論争の焦点となったのです。確かに、使徒信条では「聖霊によって宿り」とあり、また、主イエスが洗礼を受けたときに聖霊を受けられたということは、四福音書いずれにも記されています。ヨハネによる福音書でも、バプテスマのヨハネはこの人に聖霊の下るのを見た、と言っています。しかし、このことによってイエス・キリストが聖霊によって神性をえたのだ、とは言えません。

また、聖霊の発出については、ヨハネによる福音書一五・二六に「父のもとから出る真理の霊」とあり、二〇・二二には「そう言ってから、彼等に息を吹きかけて言われた。『聖霊を受けなさい』」とあって、子から出る霊を示す言葉が記されています。そうすると、聖書は父からだけ聖霊が出たと言っているとは言えません。前述の第三回トレド会議は「聖霊は父と子から出て」を採用しました。そして、ネストリオスは異端として却けられました。ここで、東方と西方の教会は別れました。

ところで、いわゆる聖霊派の人々はネストリオスの復活を図ります。聖霊を私たちに送られた方としてのキリストよりも、聖霊の受手としてのキリストを強調します。つまり、キリストは聖霊を与えられる方ではなく、聖霊を受けられた方である、そして、聖霊に満たされて力ある業をなされた。それと同時に、主イエスが聖霊によって神の子とされたように、私たちも聖霊によって神の子とされる、と強調します。しかし、このことによってキリストの十字架による贖いを軽視することになります。そして、三位一体の教義の軽視が起こります。この人々は三位一体を余り言いません。

以上のようなことを考えると、ニケア信条を残した人々が三位一体の教義を確立したことは正しかったと言うべきでしょう。確かに、三位一体の教義を説明するのは難しいことです。どのように言ってもその一側面を言うにすぎません。何故かと言えば、三位一体は直接聖書に根ざしてはいないからです。しかし、この教義は誰が造ったというものではありません。これはキリスト教的経験の否定し得ない事実なのです。

私たちは神を天地の造り主、全能の父なる神として認識しました。しかし、神は私たちには隠れたところに在《いま》す神であります。私たちは神を自分たちの知性で理解することはできません。しかも、なお、神はこのような方として圧倒的な力をもって、かつ、憐れみ深く有り給う人格として示されました。このことを私たちに知らせたのは私たち自身の力ではなく、聖霊である、と言うのが私たちの信仰の経験であります。何故なら、「神は霊である」（ヨハネ四・二四）、そして、「神の霊以外に神を知るものはいない」（ヨハネI二・一一）だからです。

このように、霊のことを知っているのは霊だけなのです。こうした認識を私たちに与えるのは私たち自身ではなく、聖霊なのです。

また、私たちは、神の独り子主イエス・キリストを私たちの救い主として認識しました。彼はそのような方としてこの世にこられました。彼こそ真の人格でした。同時に、彼は父のふところにいる父の独り子としての神であり、私たちの主であります。しかし、彼をこのような方として認識するのは私たちの知性によるのではなく、聖霊によるのです。何故なら、「主は霊である」（コリントII三・一七）からです。それゆえに、パウロはコリントの信徒への手紙I一二・三で「聖霊によらなければ、誰も『イエスは主である』とは言えないのです」と、記しているのです。

私たちの信仰は聖霊によって初めて信仰たり得ます。弟子たちは、主イエスの言葉と存在を通して、父なる神を信じ、イエスは主であると信じました。それは聖霊降臨の時、聖霊を受けることによってのみ、実際に信仰は何であるかを経験したのです。そして、それは私たちの経験でもありました。それ以来、キリスト者たちの経験の中には、導き、支え、命令し、支配し、啓示する生命的力としての聖霊が入ってきました。聖霊は人間の知性によって説明されたり、解釈されたりすることはできません。ヨハネによる福音書三・八はこう書いています。「風は思いのままに吹く。あなたはその音を聞いても、それがどこから来て、どこへ行くかを知らない。霊から生まれた者も皆そのとおりである」。にも拘らず、私たちは聖霊を非人格的な力とすることはできません。それほど、聖霊の働きは直接的で人格的であります。私は、かつて、ものみの塔の人と話した時に、ものみの塔は三位一体の信仰を拒否します。ものみの塔は神とキリストは人格であるが、聖霊は単なる力で人格ではない、と言います。そこで、私は、聖霊の大きな働きは愛であるが、愛は単なる力であって人格的なものではないのか、と問いました。相手は明確な答えをしませんでした。このようなことは、人格という言葉の誤った理解から来ています。もともと、三位という言葉の〝位〟はラテン語のペルソナという言葉です。

ペルソナとは、古代劇、特に喜劇に由来しています。そこでは、一組の役者が様々な場面に様々な名前で演じます。一人で幾つもの役を演じるわけですが、その役者たちは面をかぶって演じます。すると、観客は彼がどういう役であるかがその面を見て分かるのです。ペルソナとは、この面のことを本来言うのです。そこから、三位一体における三つのペルソナとは人間に対する一つなる神の三つなる表れ、父なる神、子なる神、聖霊なる神という三つの表れ、ということを意味するのです。私たちはこの三つの表れが別々に表れると考えることはできません。つまり、父なる神の怒りを子なる神が宥め給う、と理解することはできません。しばしばこのように言われますが。

三位一体の教義は、永遠に、創造と救済と摂理において働き給うひとりの神を示します。創造する力、救済する愛、支える恵みは一つであります。そして、永遠に働き給い、今も働き、これからも働き給うことを表わします。

それでは、私たちの内に働き給う聖霊の働きとは何なのか。

K・バルトは、これを自由と表現しました。パウロはコリントの信徒への手紙II三・一七で言います。「ここで言う主とは、〝霊〟のことですが、主の霊のおられるところに自由があります」。

このとらえ方は旧約聖書にもあります。詩編五一・一四に「御救いの喜びを再びわたしに味わわせ、自由の霊によって支えてください」とあります。

信仰が聖霊によって生きることであるならば、それは自由のなかで生きることを許されていることであり、〃ねばならぬ〃ということはもはや、福音ではなくなります。私たちが〃ねばならぬ〃という観念に取りつかれたとき、聖霊は失われています。このこと（聖霊の働きを自由ということで理解する）を念頭におきつつ、私たちは別の視点から聖霊について考えてみたいと思います。

聖霊は、旧約聖書においても基本的概念でした。神の霊とは、このように働き給う神ご自身を意味していました。創世記一・二には、「地は混沌であって」と、創造以前の状態を混沌と言っています。混沌とは、いかなる形とも言いえない状態を言います。そう表現しつつも、「神の霊が水の表に働きかけていた」（岩波版）と言います。これは神の霊による創造を暗示しています。また、創世記二・七では神は土で人（アダム）をつくり、その鼻に命の息を吹き入れた。こうして人は生きるものとなった、と言います。この〃息〃を神の霊とするかどうかについては異論がありますが、この〃息〃ヘブル語で〃ルーアハ〃、ギリシア語で〃プネウマ〃は、〃息〃と共に〃霊〃を意味しています。そして、後の人はそのように理解しました。ヨブ記三三・四にこう書いてあります。

「神の霊がわたしを造り、全能者の息吹きがわたしに命を与えたのだ」。ここも〝ルーアハ〟です。旧約聖書では、人に指導者としての賜物を与えたのは聖霊でした。ヨシアもギデオンもダビデもそうでした。特に、聖霊は預言者と関連しています。イザヤ然り、エゼキエル然りです。ゼカリヤ書七・一一、一二にはこう書かれています。「ところが、彼らは耳を傾けることを拒み、かたくなに背を向け、耳を鈍くして聞こうとせず、心を石のように硬くして、万軍の主がその霊によって、先の預言者たちを通して与えられた律法と言葉を聞こうとしなかった」。ですから、聖霊によって預言者たちは言葉を与えられ、そして、それを語った。このように述べているのです。

しかし、人と神との関係が断絶すると、聖霊は去りました。ノアの洪水の前に神は嘆き、言われました。「わたしの霊は人の中に永久にとどまるべきではない。人は肉にすぎないのだから」(創世記六・三)。神は霊を吹き込まれるが、その霊は永久には留まらない。留まるべきではない。このように言われますが、神の創造世界に罪と死と破壊をもたらしたのは人間でした。従って、神は再創造を決意しなければなりませんでした。それをもたらすのも、また、聖霊であります。エゼキエル書三七・七～一〇は有名な枯れた骨の谷の幻の話ですが、エゼキエルが神に命じられて枯れた骨に神の言葉を語ると、それらの骨はつながり、骨の上に肉が生じ、皮膚が覆った。しかし、その中に霊はなかった。そこで、神はエゼキエルに「霊に預言せよ」と言われる。そこで、彼が霊に預言すると、霊は彼らのなかに入り、彼らは生き返った。そう書かれています。

新しい時代が来る時、霊は人々の上に注がれる、とヨエル書三・一、二は言います。「その後、わたしはすべての人にわが霊を注ぐ。あなたたちの息子や娘は預言し　老人は夢を見、若者は幻を見る。その日、わたしは　奴隷となっている男女にもわが霊を注ぐ」。

そして、この預言の言葉はやがて成就せねばならなかったのです。

新約聖書では、特に、ヨハネによる福音書と使徒言行録が聖霊について多く語っています。使徒言行録は教会における聖霊の働きについて、ヨハネによる福音書は共同体にある個人の生における聖霊について述べています。

前もって言っておきますが、この事柄（聖霊についての事柄）はこれからの文（第三項）に関連しています。日本語の使徒信条は「聖霊を信ず。聖なる公同の教会……」となって、教会以降は「聖霊を信ず」とは別項目になっているように書かれていますが、原文ではそうではありません。言うならば、「我は聖霊を信ず」という言葉がこれに続く「聖なる公同の教会、聖徒の交わり、罪の赦し、からだの甦り、永久の生命を信ず」まで一息に貫通しているのです。ですから、この「聖霊を信ず」とそれ以降の告白とは別のことではありません。「聖霊を信ず」の中に全部入っているのです。これは重要なことです。

以下、簡潔に述べたいと思います。

使徒言行録では、

第一に、聖霊により御言葉が語られるということが起った。弟子たちに聖霊が注がれたことで、弟子たちはキリストの証言を始めました。

第二に、聖霊によって、御言葉が聞かれるということが起った。私たちの耳を開くことも聖霊の業と言うべきであります。

第三に、聖霊によって、御言葉が理解されることが起った。

第四に、聖霊によって、悔い改めが起った。悔い改めは私たちの内的衝動によって起るものではありません。それは聖霊によります。何故かというと、私たちのかたくなさを打ち砕くのは聖霊以外にはないからです。

第五に、聖霊によって、信じることが起った。

第六に、聖霊によって、キリストを信じる人々の共同体が結集された。聖霊降臨日（ペンテコステ）は教会の誕生日と言われています。

第七に、共同体の生活が始まった。喜びに満ちて。このことも聖霊によります。共同体は聖霊の働く場所となりました。

第八に、聖霊によって、宣教が開始された。

パウロたちが伝道に赴くときに、彼らは手をおいて祈って送り出されました。手をおいて祈るとは、聖霊を祈り求めることを意味しています。

ヨハネによる福音書では、聖霊は弁護者と呼ばれています。これは一四、一五、一六章にでてきますが、ヨハネによる福音書にしか出てきません。ギリシア語では、これはパラクレートスと言います。口語訳では助け主と訳されています。そう訳されているように、この言葉は援助者という意味も持っています。弁護者が分かり易いか、援助者が分かり易いか一概に言えません。

弟子たちがこれから宣教に出て、人々の前に弁明しなければならない。その時に、弁護してくださるという意味では弁護者となりますが、しかし、もう少し広い意味で理解したいと思います。バークレーという神学者は、もっと広い意味で理解すれば、「どのように耐えがたい状況におかれても、人を人生に対処せしめるように求められている者を意味する」と言っています。つまり、援助者とは、何かその人を支えてくださるという意味ではなく、その人のなかに、どのようなことにもぶち当たることができるような力を与えてくださる、という意味でこの言葉は用いられているということなのです。

そのヨハネの示すところによれば、聖霊とは、

第一に、この真理の霊は私たちのうちに留まる。一四・一七「この方は、真理の霊である。世は、この霊を見ようとも知ろうともしないので、受け入れることができない。しかし、あなたがたはこの霊を知っている。この霊があなたがたと共におり、これからも、あなたがたの内にいるからである」。外側から私たちを助けるのではなく、この霊が私たちのうちに留まる。

第二に、聖霊は、主イエスの言葉を教え、思い出させる。一四・二六「しかし、弁護者、すなわち、父がわたしの名によってお遣わしになる聖霊が、あなたがたにすべてのことを教え、わたしが話したことをことごとく思い起させてくださる」。

第三に、聖霊は、主イエスについて証しし、弟子たちも証しするようになる。一五・二六、二七「わたしが父のもとからあなたがたに遣わそうとしている弁護者、すなわち、父のもとから出る真理の霊が来るとき、その方がわたしについて証しをなさるはずである。あなたがたも初めからわたしと一緒にいたのだから、証しをする」。

第四に、聖霊は、世の誤りを明らかにする。一六・八「その方が来れば、罪について、義について、裁きについて、世の誤りを明らかにする」。世の誤りとは、私たち自身を含んでいます。世は罪を自分で判断し、また、自分は自分で正しいと思っています。裁きも自分で行なえると思っていますが、そうではありません。

第五に、聖霊は、あらゆる真理に私たちを導く。一六・一三「その方、すなわち、真理の霊が来ると、あなたがたを導いて真理をことごとく悟らせる」。

第六に、聖霊は、主イエスに栄光を得させる。一六・一四「その方はわたしに栄光を与える。わたしのものを受けて、あなたがたに告げるからである」。聖霊はイエスご自身とイエスのみ業とをはっきり分からせ、深く心に留めさせる。

ヨハネはニコデモに対するイエスの言葉を記しています。三・三、五「はっきり言っておく。

人は、新たに生まれなければ、神の国を見ることはできない。だれでも水と霊とによって生まれなければ、神の国に入ることはできない」。主イエスは、人は新しくならなければ神の国に入れない、と言っているのです。

パウロは、聖霊は私たちの生命を新しく造り出す力である、と言います。「割礼の有無は問題ではなく、大切なのは、新しく創造されることです」(ガラテヤ六・一五)。そして、パウロはこれを果実にたとえました。「これに対して、霊の結ぶ実は愛であり、喜び、平和、寛容、親切、善意、誠実、柔和、節制です。これらを禁じる掟はありません」(ガラテヤ五・二二、二三)。

つまり、これらの事柄は人間が作りだす徳というものではありません。これは聖霊が結ばせる実であり、新しく霊によって生かされた者において結ばれる実なのです。実は自分で実らせることはできません。これは聖霊ご自身の働きによるものです。そして、実が実るには時間がかかります。しかし、何時までも隠れていることはできません。いつか、姿を現します。そして、その実は次の聖霊の実を結ぶ種となって用いられることになります。

パウロは色々な所で、聖霊の賜物について多くを語っています。共同体の中における様々な働きは人間の知恵や能力ではなく、それは聖霊の賜物だ、と言います。そうすると、私たちは自分自身においても、共同体においても、まだ多くの聖霊の働きを認め得ないでいる、と言い得ます。すでに、聖霊はその働きを私たちの中で始められました。そして、それは完成に到らしめられます。私たちはそう言う意味で、キリストに在る人を新たな目で見なければなりません。それは聖霊の働かれる場所なのです。また、教会の内にも私たちは聖霊が働いておられる、と信じなければなりません。しかし、聖霊は一度持てば、ずっと持ち続けられるというものではありません。聖霊が失われてしまうことはしばしば起ります。そして、聖霊は神の自由な賜物として私たちに与えられるのです。

従って、私たちはどんな時にも、「主よ。信じます。わたしの不信仰をお許しください」と、祈らねばならず、「聖霊よ。来て下さい」と祈らねばならないのです。ルカは一一・一三で言います。「あなたがたは悪い者でありながら、自分の子供には良いものを与える。まして、天の父は求める者に聖霊を与えて下さる」。下さるであろう、ではなく、下さる。そのことを信じ、「聖霊よ、来てください」と願いつつ、「我は聖霊を信ず」と告白したいと思います。

一六　聖なる公同の教会

今日は「聖なる公同の教会」について学びたいと思います。

前回の終わりに近い所で、私は、私たちがとなえる日本語の使徒信条では、「我は聖霊を信ず」と告白した後で、改めて「聖なる公同の教会、聖徒の交わり、……永遠の生命を信ず」と告白している。「聖なる公同の教会」以下は「聖霊を信ず」とは別項目のように感じられているが、原文はそうではない。「我は聖霊を信ず、という告白は、これに続く「聖なる公同の教会……永遠の生命を信ず」と、一息に貫通して信ずと言っているのだ、と述べました。しかし、これから述べる諸項目は、私たちの信仰の対象にはなりません。つまり私たちは、「我は天地の造り主を信ず」と同じ意味で「我は聖なる公同の教会、……を信ず」と言っているのではありません。それは聖霊の働きに基づいて起ってくる出来事なのです。

私たちが教会と言う時、この呼び方は漢訳の聖書から来たものです。原文はエクレシアというギリシア語です。それを教会と訳したため、多くの誤解が生じました。岩波国語辞典では、「教会」とは、「宗教（特にキリスト教）の教義を説き広め、また礼拝するための建物、または組織」である、となっています。漢文では、教会とはもともと建物ではなく、信仰を同じくする者たちの集まりを意味しているように思われます。日本では、それが建物になっています。

これは、英語のチャーチChurchやドイツ語のキルヘKircheでも同じだと思います。両者ともラテン語のキルカCIRCAからきています。これは「の周囲に」ということから出て、囲まれた場所を意味します。そうすると、チャーチ、キルヘはある場所を意味することになります。従って、K・バルトは、教会・エクレシアについてゲマインデ、即ち、共同体という言葉を用いることを提唱しています。ちなみに、New English Biibleでは、エクレシアをコングリゲーションCongregationと訳しています。これは会衆という意味です。ヘブライ語にカーハールという言葉があって、これを七〇人訳ギリシア語新約聖書はエクレシアと訳しています。口語訳旧約聖書では会衆、新共同訳では共同体と訳しています。このことは、旧約聖書に関する限りで、新約聖書ではエクレシアを共同体と訳した例はありません。

このエクレシアという言葉には二つの背景があって、その一つはヘブライ語の背景です。即ち、カーハールという言葉は、神の使信を待ち望む人々の群れ、神の導きと命令に自分たちの生を委ね、これに従う人々の群れを意味しています。エクレシアは、これを受け継いでいます。も一つはギリシア的背景です。ギリシアでは、エクレシアという言葉はもともと宗教的なものではなく、政治的なものでした。ギリシアの都市国家は民主的な政治形態を持っていて、統治するのは市民権を持つ全市民でした。そこで、会合の予定が立てられると、その時間・期日・場所を全市民に知らせ、これに参加する権利を有するすべての者を招き、こうして召集に応じて集まった人々の群れをエクレシアと呼んだのです。キリスト教会はこれを自分たちの集まりに適用し、キリストによって招かれ、召され、それを受け入れた人々の群れをエクレシアと呼びました。

従って、この教会＝共同体はこの世の人間的集会・結社とは全く異なります。人間的集会・結社は自然的にできるものもあれば、合意に基づくものもありますが、教会＝共同体は聖霊を通して与えられる神の召しによって成立します。教会というものは、何人かの人が集まって教会をつくろうではないか、ということでできるものだと思われがちですが、そういう発生にもかかわらず、これは聖霊を通してなされる神の召しによると言わざるを得ないものなのです。この点を私たちは忘れてはなりません。

従って、教会は人間の働き・考えでできたものでなく、聖霊によって現存する、現にそこにあるものなのです。東所沢教会についても全く同じで、それは私たちが始めたように思われますが、そうではなく、神に召された人々のエクレシアとして聖霊によって現存しているのです。東所沢教会を私たちが東所沢伝道所と呼ばずに、始めから東所沢教会と称したのは、それが教会として神によって呼び集められた人々の群れであるゆえなのです。私たちが〝教会を信ず〟と告白することは、私たちが教会の現存を信じるということを意味します。

そこで、ここで、教会の可見性と不可見性に就いて述べたいと思います。教会が〝目に見える教会〟と〝目に見えない教会〟の両面を持つと主張したのはM・ルターでした。それ以来、この概念はプロテスタント教会（福音主義教会といった方がよいかも知れませんが）で重んじられてきました。そして、どちらかというと、教会の不可見性（目に見えない教会）が重視されてきたのですが、それは正しいものではありません。ルターにおいてはただ一つの教会があるだけでして、それが不可見的であると同時に可見的であるのです。ルターは、一方的に目に見える教会に偏ってしまった当時のローマカトリック教会は間違いであると言いました。と同時に、もう一方において一方的に不可見性に偏るあらゆるキリスト教的精神主義に対して、福音主義教会を守ろうとしました。ここで、キリスト教的精神主義というのは、目に見える教会を否定し、目に見えない教会だけを重んじる傾向を意味します。使徒信条が〝教会を信ず〟と言っているのは、天上の教会でも精神主義的教会でもなく、理想の教会でもありません。現に今ここにある教会なのです。それは東所沢にある教会であり、日本基督教団という教会なのです。これらの教会＝共同体は問題を持っています。問題のない教会＝共同体はありません。

ヨハネ黙示録の始めに、「アジア州にある七つの教会へ」ということで七つの教会が挙げられています。その内で、称賛だけが与えられているのはスミルナとフィラデルフィアの二つの教会だけです。あとの教会は称賛があると共に叱責が与えられています。叱責だけの教会がありま す。それはラオデキアの教会です。

教会には理想の教会というものはありません。皆、問題を抱えています。しかし、これらの問題があるゆえに、それは教会ではないということはできません。黙示録の七つの教会はそれぞれが、それにも拘らず教会なのです。問題を持つ一つ一つの教会のなかに教会は現存するの

（教派の表）

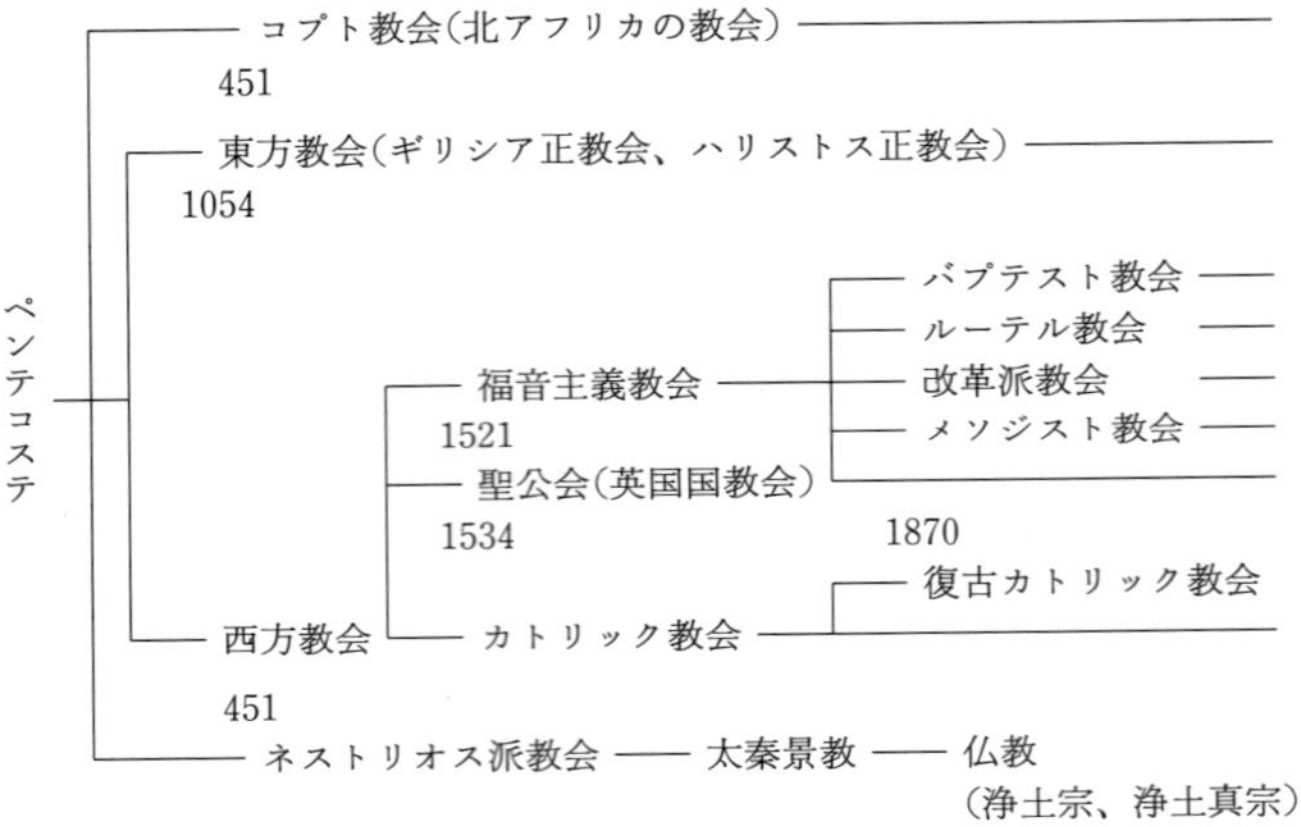

です。私たちが「我は聖霊を信ず」と告白するのは、その聖霊によって教会は現存する、と告白しているのです。そして、この現存する教会において聖霊の御業は出来事になる、ということを信ずるのです。

次に、私たちにとって大きな問題に教派の問題があります。

ペンテコステのとき、聖霊によって教会はできましたが、その後四五一年ニケア・コンスタンンティノポリス会議でネストリオスは異端とされ、東方に行きました。そして、中国にまで入り、景教として信じられ、仏教に影響を及ぼしました。一方、この時、ネストリオスに賛成したのがコプト教会（エジプトのアレクサンドリア中心）でした。これは現在まで続いています。

一〇五四年、東西に教会が分裂しました。東方教会はコンスタンティノポリスが中心で、それがギリシア正教、ハリストス（ロシヤ）正教、その他アルメニア、ブルガリア正教などにわかれて今日に到っています。一五二一年、M・ルターの宗教改革により福音主義教会が生まれました。その流れの中に、右表の幾つかの教派ができました。バプテスト教会は最初は再洗礼派と言われ、スイスが中心でしたが、迫害され、ヨーロッパ各地に広まりました。その中からといいうか会衆派（コングリゲーショナル＝日本では組合教会という）が生まれました。ルーテル教会はドイツが中心ですが、北欧諸国にそれぞれの独立したルーテル教会があります。改革派教会はJ・カルヴァンによるもので今日、長老主義教会と呼ばれているのはこの流れに連なるものです。メソジスト教会はその起源は英国国教会から出たものでイギリスが主ですが、ここから、ホーリネス教会、ナザレン教会、アライアンス教会、同盟キリスト教団、などが分かれ、また、教会ではありませんが、救世軍、フレンド派があります。聖公会が一五三四年に分かれたのは宗教的理由というよりも、むしろ、ローマ教皇とイギリス国王との政治的理由によるものと言えます。

一八七〇年に復古カトリック教会というのができましたが、これは教皇無謬説に反対した人々がカトリック教会から分離した教会で、今日のキリスト教界のエキュメニカル運動に対して積極的な教会です。

（モルモン教とか統一教会は全くその出所が別なので、キリスト教諸教派の中には入れません）。

では、何故、教派というものが生じたか。簡単には言えませんが、いずれにしろ、人間の側の問題といってよいと思います。ヘンドリック・クレーマーという神学者は教派の発生は聖霊の工場におけるサボタージュである、と言います。また、バークレーという聖書学者は『使徒信条講解』の中で、賀川豊彦の名を挙げて、彼がこう語ったと言っています。「私は英語が非常に下手で、デノミネーション（教派の意）と言うと、人々は私がダムネーション（呪いの意）と言っているのだと思う。しかし、私は驚かない。私にとって、それらはまったく同じことである」と。

さて、教会はキリストの体だと言われます。ローマの信徒への手紙第一二章やエフェソの信徒への手紙第四章では、一つの体である教会の中における聖霊の働きの多様性について述べています。しかし、キリストの体という言葉が、聖霊によるキリストへの特別な帰属の仕方を表わしているとすれば、体には色々な部分があり、それらの部分は皆、頭なるキリストにつながっているとすれば、〝体〟という言葉は個々の教会のことを言うばかりでなく、主の御声を聞き、一つのキリストの体に属する神の民全体をも意味することになります。従って、そこに様々な分裂があり、互いに相手を非難し合うこともあります。そして、そこには一つの民として認識することに困難を感じる問題が生じることも起り得ます。しかし、そこでもなお、教会は現存するのです。私たちは様々な違いを軽視するのではなく、それを棚上げするのでもありません。かつて、二〇世紀の中ごろ、世界教会運動が発足した当時、人々の合言葉は「あたかも一つであるように」でありました。しかし、このような捉え方は挫折せざるを得ませんでした。その中でキリスト者たちは再発見をしました。それは聖霊により、キリストにより私たちは既に一つである、という認識でした。ここに、エキュメニカル運動が今日まで続けられた基があるのです。ですから、分かれているが既に一つの教会がそこに現存する。聖霊により、キリストにより、既に一つである。この確信・信仰がないとエキュメニカル運動は続かないのです。

「聖なる公同の教会を信ず」という言葉を信条の歴史についてみると、AD三二五年のニケア信条（今日、ニケア信条と一般的にいっているのはAD四八一年のニケア・コンスタンティノポリス信条のことですが、ここは最初のニケア信条）では、「我らは聖霊を信ず」とあるだけで、教会については何も述べられていません。しかし、使徒信条の基になった古ローマ信条では、聖なる教会が用いられていました。そこで、私たちは〝聖なる〟という言葉に注目しなければなりません。

〝聖〟とは、ラテン語でカントウム、ギリシア語でハギオス、ヘブライ語では カードーシュと言います。これはどれも私たちが常識的に考えている〝清らかさ〟とは何の関係もありません。

この意味は、分離する、区別する、ということで、本来神についてのみ言われることなので す。神が聖であるということは、神が他の一切から隔絶していることを意味しました。従って、この言葉が地上のことと結びついて用いられる場合、それは〝神に属する者として他の者と区別される〟ことを言い表わしていました。例えば、〝聖徒〟と言うときも同様です。何かその人が清らかさを持っているということではなく、その者が神に属しているという意味なのです。

更に、この言葉は神の目的のために用いられることを意味します。即ち、聖なる者とされるということは神のために用いられることなのです。最近の傾向として、〝聖〟という言葉に対する嫌悪感があります。〝聖〟と〝俗〟を分けて論じるのは差別であるという人がいます。確かに、ルターはカトリック教会の聖俗区分を廃して、聖職者と俗人＝普通の信徒との区別を取り払いました。しかし、これは聖職者を俗人に引き下げたのではなく、教会に連なるものを皆、聖なる者としたのでした。これが彼の言う万人祭司の意味なのです。

だが、教会はこの世に存在するとは言え、この世のものではありません。この世にありつつ、神に帰属し、神の目的のために用いられているものです。もし、教会がこの世に倣うことによって、本来持っている分離され、区別されているという特質を失うならば、それは教会を教会たらしめているものを失うことになります。

また、使徒信条は古ローマ信条にもう一つの言葉を加えました。それが、〝公同の〟（原語はカトリカム）という言葉です。これに関連する言葉は新約聖書のギリシア語では〝カトウロウ〟という単語しかありません。これは「全く」という意味で一回だけ用いられています。このカトリカムという言葉が教会で用いられるようになったのは、アンティオキアの教父イグナティウス（ＡＤ一一〇年没）によります。それは個々の地域の教会に対して、全体の教会を意味していました。それ以後、諸教会の結合体としての全体教会という意識が強くなってきましたが、しかし、この言葉はのちにそれが意味する〝普遍的〟という意味はありませんでした。私たちは、〝公同の〟訳していますが、当初はそのような普遍的という意味はなかったのです。

しかし、三世紀以降になって、色々な異端との論争が起り、教会として異端の排除が必要になってきました。ニケア会議などの教会会議が開かれた大きな意味はそこにあったのです。その中で、〝普遍的〟という概念が正統信仰と結びついて生まれてきました。普遍的教会（エクレシア　カトリカム）は異端のように分離されていない教会という意味で、包括的・一般的全体教会を意味するようになりました。

やがて、皇帝テオドシウス（AD三七九～三九六年）は、キリスト教を国教としましたが、彼はカトリック教会（エクレシア　カトリカム）を唯一の正統な教会と定めました。やがて、それは地域的にも最大、信徒数も最多の教会となりました。それは単に全体を包括した正統な教会にとどまらず、全世界に広がり（地理的普遍性）、数の上でも最大（数的普遍性）の教会となったのです。今日、カトリック教会という呼称は、普遍的教会を意味して用いられています。聖公会という呼称も、聖なる公同の教会を縮めた言い方です。

宗教改革はこの普遍性という概念を崩しました。にも拘らず、改革者たちは、自分たちは普遍的教会に属していると強調しました。ただ、この場合の普遍的であるとは、聖書に従って、常に、何れのところにおいても、また、すべての人々によって、信じられてきた信仰内容、即ち、福音的信仰としてこれは普遍的教会である、と主張するのです。

しかし、その後のプロテスタント教会、福音主義教会の歴史は、相次ぐ分裂によって普遍的という概念が崩れてしまったことを表わしています。福音主義教会の方が、一つなる教会ということを信じるのが困難になってしまいました。K・バルトはその『教義学要綱』の中で「公同性という概念は我々にとって煩わしい概念である。何故かというと、その際、我々はローマ・カトリック教会のことを考えるからである」と言っていますが、それはこのようなことを踏まえて彼は言っているのです。しかし、今や、カトリック教会の中でも、この普遍的という概念を今までとは違った意味で捉えようとする動きが起っています。

先程言いました狭い意味で地理的・数的普遍性という考えは少なくなってきたのです。その動きとは、次のようなものです。即ち、教会が一つであるということは聖霊によって与えられている現実である、と同様に普遍的ということも聖霊によって与えられている現実なのだ、という考えに向かって動いているのです。こうした理解から、カトリック教会もエキュメニカル運動に大きく踏み出すことになりました。

私には今は、プロテスタント教会の方が硬直化しているように思われます。そして、未だにカトリック教会を敵視しているように見られます。自分以外の教派を敵視している傾向がなおあるのです。私たちはもっと大胆に聖なる公同の教会を告白して良いのです。教会は聖霊において、キリストにおいて一つなのです。勿論、多くの教派の中に様々な形があり、弱点があり、誤りがあります。それらのあるものは私たちの気持ちに合致しません。しかし、実体的に異なった教会というものは存在しないのです。私たちが真の一致に到達するにはまだまだ時間がかかるでしょう。

ＡＤ三八一年にニケア・コンスタンティノポリス信条（通常ニケア信条という）は「我らは唯一、聖にして公同なる使徒的教会を信ず」と告白します。ここで、〝使徒的〟という意味に就いて一言述べます（使徒信条には〝使徒的〟という言葉はありませんが、使徒信条であることがこれを含んでいると言えます）。

第一に、それは聖書的であるということです。これは、教会の予型としてのイスラエル民族があることを意味します。創世記一二・一～四にアブラハム（その時はアブラム）の召命が記されています。彼において神によるイスラエルの選びと召しがなされました。この箇所が聖書全体を貫く神の救いの歴史の発端となっています。そして、この選ばれたイスラエルが、教会（呼び集められた人々の群れ）の姿を予め示したものとされているのです。そして、キリスト者は自分たちが新しい神の民であると自覚しました。ペテロの手紙Ｉ二・九はこう記します。「しかし、あなたがたは、選ばれた民、王の系統を引く祭司、聖なる国民、神のものとなった民です」。使徒的ということは聖書に基づいていることを意味しています。

第二に、支配し、統治するのはキリストであるということです。教会はキリストの体と言いますが、その体は頭であるキリストに属しています。エフェソ一・二二、二三は述べています。

「神はまた、すべてのものをキリストの足もとに従わせ、キリストをすべてのものの上にある頭として教会にお与えになりました。教会はキリストの体であり、すべてにおいてすべてを満たしている方の満ちておられる場です」。ですから、使徒的ということは教会を統治するのはキリストであり、教会はこのことの上に立っていることを意味します。

第三に、教会の任務について。マルコによる福音書三・一三〜一五には、最初の使徒の選びが記されています。「そこで、十二人を任命し、使徒と名付けられた。彼らを自分のそばに置くため、また、派遣して宣教させ、悪霊を追い出す権能を持たせるためであった」。最初の使徒に与えられた任務は、側に置き、派遣して宣教させ、悪霊を追い出すことでした。この使徒の任務を継承していることが使徒的と言われていることなのです。

カトリック教会は、万人祭司ではありませんが、最近、力を入れていることに信徒使徒職ということがあります。信徒にも使徒職があるということです。そう言う意味で、これも使徒的ということを表わしています。

第四に、目標について。教会は使徒たちがそうであったように〝待ちつつ、急ぎつつ〟主の将来に向って進みます。

私はこの四つの意味で、使徒的ということを理解したいと思っています。

また、使徒信条には、使徒的という言葉がないことを述べましたが、「唯一の」という言葉もありません。しかし、「聖なる公同の教会」は単数で記されています。それは、一つの教会を意味します。そういう意味を含めて、私たちは、「聖なる公同の教会を信ず」と告白させていただきたいと思っています。

一七　我は聖徒の交わりを信ず

今日は「聖徒の交わり」について学びたいと思います。

キリスト教は交わりの宗教です。それ故、〝聖徒の交わり〟という言葉は、教会の中心に存在した真理と経験をあらわしています。しかし、使徒信条の基になった古ローマ信条―古代ローマ教会の洗礼告白―の中には「聖なる教会」という言葉はありますが、〝聖徒の交わり〟という言葉はありませんでした。また、AD三二五年のニケア信条やAD三五一年のニケア・コンスタンティノポリス信条にもこの言葉はありません（ニケア信条は、「我らは聖霊を信ず」だけ。また、ニケア・コンスタンティノポリス信条は、「我らは一つである聖き公同なる使徒的教会を信ず」だけ）。

この〝聖徒の交わり〟という言葉が初めて現われるのは、ローマ信条の「ゴール定式」と言われるものにおいてなのです（ゴールとは、ガリヤとも言われ、今のフランスのことです）。これが、六世紀のフランスの古カトリック教会で採用されました。そのためか、この「聖徒の交わり」は余り重んじられてこなかったように思われます。

K・バルトの最初の使徒信条講解である『われ信ず』においても、次の『教義学要綱』においても「聖徒の交わり」は「聖なる公同の教会」の項の中で簡単に触れられているだけなのです。しかし、私は、この項は大事な信仰告白であり、決して「聖なる公同の教会」の中の一部とすべきではないと考えます。

この「聖徒の交わり」はラテン語では、〝コンムニオ　サンクトルム〟(communio sanctorum)という言葉が使われています。この〝コンムニオ〟から英語のコミュニティやコンミュニオン(聖餐)がでてきています。そして、このコンムニオというラテン語のもとは、ギリシア語のコイノーニアなのです。このコイノーニアの根本的な意味は〝共にいる〟ということです。そこから一般的には、一緒にする仲間、活動、経験、関係を表わすようになりました。例えば、アリストテレスという哲学者は結婚をコイノーニアと呼び、また、事業の協力関係、更に国家を政治的コイノーニアと定義さえしました。

このような背景を持って、コイノーニアはキリスト教の用語として用いられるようになりました。しかし、福音書と使徒言行録には三回しかこの言葉は出てきません。しかも、それらは一般的意味において使われているのです。一つは、マタイによる福音書二三・三〇で「血を流す側につく」、その他、ルカによる福音書五・一〇「シモンの仲間」、使徒言行録二・四一「キリスト者の仲間に加わる」という形で出てくるだけです。

このコイノーニアという言葉に深い意味を与えたのがパウロでした。

パウロの手紙(及びパウロの名による手紙)の中には動詞形、名詞形で数多くコイノーニアが出てきます。その他、ペテロの手紙、ヘブライ人への手紙、ヨハネの手紙Ⅰ・Ⅱに多く出ています。それらの幅広い用い方を見るとき、コイノーニアは三つのことを意味しています。

第一に、それは共にいることを意味します。

使徒言行録五・一二、一三には「使徒たちの手によって、多くのしるしと不思議な業とが民衆の間で行なわれた。一同は心を一つにしてソロモンの回廊に集まっていたが、ほかの者はだれ一人、あえて仲間に加わろうしなかった。」と、あります。また、福音書では、違った形で、〝共にいる〟ことを暗示している。マルコによる福音書三・一四「そこで、十二人を任命し、使徒と名付けられた。彼らを自分のそばに置くため、また、派遣して宣教させ……」ここで、自分の側に置くため、と述べられていますが、それはコイノーニアとは言葉が違いますが、イエスもまた弟子たちとの交わりを強調されたことを表わしています。

第二に、共にすること、参加すること、です。

フィリピの信徒への手紙四・一五「フィリピの人たち、あなたがたも知っているとおり、わたしが福音の宣教の初めにマケドニア州を出たとき、もののやり取りでわたしの働きに参加した教会はあなたがたの外に一つもありませんでした」の参加したはコイノーニアという言葉です。コイノーニアはただ仲良くすることではなく、共にすること、参加することなのです。

第三に、共に与ること、共有することです。

フィリピの信徒への手紙一・五「それは、あなたがたが最初の日から今日まで、福音にあずかっているからです。」ここは、共に与る、とした方がよいと思います。そして、あとに続く七節では「あなたがた一同のことを、共に恵みにあずかる者と思って」としています。岩波版聖書では、これを適切に「恵みの共有者」としています。なお、これは福音を宣べ伝えることに共に与る（新改訳）ということではなくて、福音に共にあずかることなのです。

これら三つはそれぞれ独立してあるのではなく、互いに関連し合っているのです。従って、その一つだけを強調することは正しくありません。キリスト教におけるコイノーニアは通俗的な意味の交わり、単なる関係のことではなく、以上に述べたすべてを含んでいるのです。

更に、これにもう一つ大切なことが加わります。

ヨハネの手紙I一・三にこう書かれています。「わたしたちが見、また聞いたことを、あなたがたにも伝えるのは、あなたがたもわたしたちとの交わりを持つようになるためです。わたしたちの交わりは、御父と御子イエス・キリストとの交わりです」。ここでは、私たちが見、かつ、聞いたことを伝えることは、私たちとの交わりを持つことで、私たちの交わりとは、御父と御子との交わりなのだ、というのです。換言すれば、御父・御子の交わりの中に私たちは加えられた。そして、御父・御子の交わりに加わることなしには、私たちの交わりは成立しない、ということを示しています。そして、このことは、私たちの交わりに与ることなしには、御父・御子との交わりにも与ることはない、ということを含んでいると言えましょう。そして、これらのことを六、七節が更に示しています。「わたしたちが神との交わりを持っていると言いながら、闇の中を歩むなら、それはうそをついているのであり、真理を行ってはいません。しかし、神が光の中におられるように、わたしたちが光の中を歩むなら、互いに交わりを持ち、御子イエスの血によってあらゆる罪から清められます」。ですから、御父と御子との交わりの中に私たちが加えられる、ということは、また、私たちが互いに交わりを持つことになり、もし、私たちが互いに交わりを持たないならば、それは私たちが御父と御子との交わりに与っていることにならない、ということを言おうとしているのです。かつて、前の教会で、ある方から「転入会させてほしい。ただ、礼拝には出席しますが、交わりは遠慮させていただきたい」というお話がありました。私は、「遠慮させてあげるわけにはいきません」と答えました。

こうして、私たちは「聖徒の交わり」に導かれます。

ここで、〝聖〟ということについて、前回述べましたが、簡単に再度申し上げます。聖書の〝聖なる〟はギリシア語でハギオス、ヘブル語ではカードーシュと言い、その意味は私たちが常識的に理解している〝清らかさ〟とは違います。本来、神についてのみ用いられる言葉で、神が他の何ものからも隔絶していることを意味します。神は聖なる方である。従って、この言葉が地上のものに用いられる場合は――人についても、物についても――、それは神に属するものとして他のものと区別されていることを意味し、また、更に、それが神の目的のために用いられるべく区別されていることを意味しています。このことに照らして考えるとき、聖徒という言葉は、カトリック的な聖者・聖人と同様に扱われるべきではないことになります。ついでに言いますと、カトリックの聖者法には、尊者・福者・聖者の三種あって、教皇庁の中の礼部聖省がそれを定め、こう定められた聖人は崇敬の対象となります。プロテスタント教会はこのような聖人崇拝を拒否しましたが、しかし、今でもヨーロッパでは、このような聖人崇拝は生きており、子供たちにそれにちなんだ名前を付けることが多いのです。そして、その聖人の守護を願います。例えば、ローマン・ローランの小説『ジャン・クリストフ』の各巻の扉には、「いかなる日にも、クリストフの顔を眺めよ。その日、汝は悪しき死を死せざるべし」と、書かれています。クリストフの顔とは、クリストフの名の由来である聖者クリストフォールスを意味しているのです（クリストフォールスはヨーロッパでは、子供や旅行者の守護聖人です）。

しかし、このような意味での聖人は、ここで言う〝聖徒〟とは関係ありません。聖徒とは、単的に、教会員のこと、キリスト者のことです。彼は人間的な過失や欠陥を持っているとしても、その生をイエス・キリストに献げることによって自己自身を区別され、他の者から分離されている人々なのです。例えば、コリントの教会の信徒たちは、信仰的にも道徳的にもかなりいかがわしい人々であったようですが、それでもなお、パウロは彼らを聖徒と呼んでいます（コリントの信徒への手紙Ⅰ一・二、同Ⅱ一・一）。そして、私たちも、私たちがいやであろうとも、あちらが嫌であろうとも聖徒なのです。

ここで、一言しておかねばならないことは、ラテン語のサンクトルム（聖）という単語は、聖徒（人）という意味とも、聖なるものという意味とも取れるということです。従って、ここでは、聖徒の交わりと取れると共に、聖なる賜物にあずかるとも受け取れるのです。つまり、

「聖なる賜物に共に与ることを信ず」ということにもなります。このことは、聖霊の賜物に関連して重要なことであります。私たちが聖霊の賜物にあずかることも真理であります。そして、この賜物は聖徒のなかに働きます。従って、ここは、両方の意味で受け取るべきでしょう。ある人は、この聖なるものを聖餐と理解しました。だが、残念なことに、今日、聖餐において教会は大きな分裂に直面しています。それは、カトリック教会とプロテスタント教会との分裂です。しかし、カトリック教会は大きく変ろうとしています。私は、カトリック教会とプロテスタント教会との共同聖餐ということが遠からず実現するものと考えています。

K・バルトは、この二つの意味について、一方を否定するのではなく、両方を肯定すべきである、と言っています。それは、両方の意味を含んでいるからです。私も、それが正しいと思います。なぜなら、聖徒が神の目的のために区別されたものであるならば、その業を果たすためには、聖なる賜物を必要とするからです。私たちは、それを聖霊の賜物と見、そして、それは個人に対してではなく、聖徒の群れである教会に対して注がれるのです。

私はかつて、教会について、教会の生命と使命について、やや公定的に述べました。教会は、イエス・キリストにおける祝福を語り告げ、その現実化のために奉仕し、すべての人を交わりにあずからせることを使命とし、その使命が果たされる限りにおいて生命を持つ、と言いました。

教会はそのような宣教の共同体です。そして、宣教は三つの側面をもちます。今述べました

定式はこのことを示します。つまり、
(1) キリストにおける祝福を語り告げるとは、証し＝マルトゥリアのことです。
(2) その現実化のために奉仕するとは、奉仕＝ディアコニアです。
(3) すべての人を交わりにあずからせるとは、交わり＝コイノーニアです。
これらの三つは、それぞれ独立してあるのでなくて、証しは奉仕であり、交わりであり、また、交わりは証しであり、奉仕でもあります。

このように交わりは教会の中心に位置します。そして、それは教会のしるしなのです。使徒言行録二・四二は記します。「彼らは、使徒の教え、相互の交わり、パンを裂くこと、祈ることに熱心であった」。この〝相互の交わり〟は原文では、コイノーニアです。口語訳ではここを信徒の交わりと言っています。にも拘らず、交わりはしばしば破壊されます。交わりの中で人々はしばしば傷つく。あるいは、傷つくことを恐れる人は、交わりから身を引こうとします。従って、「この教会に交わりがない」と言うことは、教会にとって致命的な言葉となります。主イエスも使徒たちも交わりを保つためにどんなに涙ながらに祈り、心を砕いたことでしょう。私たちはそのことを聖書の中に幾つも見出します。従って、私たちも聖徒の交わりについて学ばなければならないと思います。

私たちは、教会にきて、誰かと交わりを持つようになると、それをすぐ地上の交わりに引き下げてしまいます。自分の気に入った人との交わりだけを大切にし、交わりを閉鎖的なものにしてしまいがちです。しかし、聖徒の交わりはキリストを媒介とします。交わりはキリストにおいてのみ相互のものとなります。このことは次の三つのことで表わされます。

一、キリスト者はイエス・キリストのために他者を必要とする。

私たちは、交わりを自分のためのみのものにしてしまいます。しかし、私たちが生きている、あるいは、生かされていると言った方がよいのですが、それはキリストによります。キリストのみによる、と言った方がよいでしょう。従って、私たちは、御言葉を語ってくれるキリスト者を必要とします。また、自分が確かさを失い、恐れと不安の中にいるとき、他のキリスト者を必要とします。自分で自分を助けようとすれば、必ず、御言葉を曲げてしまいます。聖徒の交わりの目標は、救いの訪れの持参者として互いに出会うことにあります。神はこのために私たちに交わりを授けられました。

二、私たちは、キリストを媒介としてのみ、他のキリスト者に近付く。

私たちは、キリストなしでは、神を呼ぶことも神に近付くこともできないように、キリスト抜きでは、兄弟のところに行くことはできません。なぜなら、道は私たちのエゴで閉ざされているのですから。私たちは、キリストにおいてのみ一つであり、キリストにおいてのみ相互に結ばれていることになります。

三、私たちはキリストの中に受け入れられ、キリストに属している。

それゆえ、私たちはキリストの体と呼ばれるのです。ただ、私たちだけでなく、キリストにある教会全体が選ばれ、受け入れられているのです。従って、私たちは、自分の兄弟たちがキリストにおいて自分と結ばれていることを知らねばなりません。つまり、私たちは結ばれているのだから、拒否することはできません。私たちは、他の兄弟たちとキリストにおいて結ばれていることを知らなければなりません。このことが聖徒の交わりの基本原則なのです。

聖徒の交わりの最大の危険は、聖徒の交わりと、自分の敬虔さから思い描く一人よがりの交わりの映像との混同から生まれます。

聖徒の交わりは一つの理想というものではなく、神の現実です。それも心理的な現実——ここに交わりがある気がする、または、ありそうだ、というような——ではなく、神が与えられる霊的現実です。しばしば、私たちは、交わりについて理想を描きます。そして、それを実現させようとしてきました。そのため、聖徒の交わりは何度も崩れました。そのような理想は幻想にすぎません。従って、むしろ、それが打ち砕かれることに神の恵みがあると言えます。理想、幻想を抱くことは、その実現を神に、他の人々に、そして、自分自身に求めることになります。彼は、共同体の中に要求するものとして入り、自分の定めを立て、それによって兄弟を裁きます。しかし、このことは、神を裁くことでもあるのです。思い通りにならないことを失敗と呼び、兄弟を非難するものとなり、神の非難者となります。

神は、キリストは、私たちに聖徒の交わりを造り出せ、とは言っていません。聖徒の交わりはキリストにおいて与えられている霊的現実なのです。このことを最もよく示しているのが聖餐です。聖餐はコンミュニオンと言いますが、これは本来、霊的交わりを意味します。そして、パウロはこれについて、コリントの信徒への手紙I一〇・一六、一七でこう言います。「わたしたちが神を賛美する賛美の杯は、キリストの血にあずかることではないか。わたしたちが裂くパンは、キリストの体にあずかることではないか。パンは一つだから、わたしたちは大勢でも一つの体です。皆が一つのパンを分けて食べるからです。」

ここに言われていることは、一つの体になっていなければ一つのパンを食べても聖餐にならない、ということを言っているのではありません。一つのパンにあずかるから、私たちは大勢いても一つの体なのだ、ということです。コンミュニオンはキリストとのコイノーニアです。そして、私たちのコイノーニアです。キリストにおいて一つであることは、私たちがキリストと一つであることと同時に、私たちが一つであることを表わしています。従って、私たちは、聖徒の交わりを造り出すとは言わないで、「聖徒の交わりを信ず」と告白するのです。更に一つ言い添えることは、聖餐のことをギリシア語ではユーカリスティアと言います。この言葉は、感謝、または、感謝の祈り、賛美の祈りを意味しました。先程のコリントの信徒への手紙で、パウロは「私たちが神を賛美する賛美の杯は」と言います。それはこの意味なのです。神が、私たちを恵みをもってキリストにおいてご自身と結びつけてくださったように、キリストにおいて私たちを他のキリスト者と一つの体として結びつけてくださったので、私たちは、感謝してその交わりに入ることができるのです。従って、共同体のなかでは、要求ではなくて、感謝こそふさわしいのです。聖餐はそのことを示しています。それゆえに、私たちは、感謝をもって「われは聖徒の交わりを信ず」と告白するのです。

確かに、私たちの交わりの中では、罪を犯すもの、迷い出るものがいます。清らかで気持ち良いものばかりではありません。しかし、その人も私も共に、神の赦しのもとに立っているのです。彼の罪、彼の問題は、私たち二人がキリストの愛のもとに共に赦されていることを感謝する機会ではないでしょうか。

聖徒の交わりは、聖霊によって与えられた現実であると共に、聖霊との交わりでもあります。それゆえ、交わりは時間・空間を越えた広がりをもちます。私たちは、今、(「聖書の集い」で)ヨハネ黙示録を学んでいますが、その第五章で、天上における礼拝で賛美に賛美が加えられる、ということを学びました。天上の玉座の前で、四つの生きものと、二四人の長老たちが参加し、それに天使たちが加わる。更に、全宇宙がその賛美に唱和する、という形になっています。この聖徒の交わりは、世を去って神のみもとにある聖徒たち、更に聖なる天使たちとの交わりでもあるのです。

アラン・ウォーカーという牧師(この人はいのちの電話の基になったライフラインをつくった牧師ですが)の説教の中に次のような話があります。ある若い牧師が田舎の教会に説教にいった。そこで、彼は少ない会衆を前にして語った。それが終わってから、聖餐に預かるように人々に呼びかけた。しかし、残ったのは僅かに二人だけであった。彼はこの二人と淋しい思いで聖餐を行なった。だが、そこで聖餐の式文を読んでゆき、そこで、「世にある聖徒たち、そして、天にある天使たち、多くの人々が主の栄光を賛美しつつ加わった」というところにきたとき、彼はハッと気が付き、「神よ、私は見ていませんでした。ここには、多くの天使たち、聖徒たちが一緒にあなたを賛美し、その栄光を讃えていることを知りませんでした。神よ。お赦しください」と、祈ったと言います。そして、彼はそこに、多くの聖徒たちの交わりがあるということを見出だしたのです。私たちは、このことを覚えながら、この交わりには神のみもとにある聖徒たちや天使たちが含まれていることを覚えつつ、「聖徒の交わりを信ず」と告白することになるのです。

一八　罪の赦し、身体の甦り、永遠の生命を信ず

今日は、「罪の赦し」を主としてお話し、「身体の甦り」「永遠の生命」は時間の許す範囲で簡単に説明します。

罪の赦しは贖罪とも言いますが、これはキリスト教の中心的教義の一つで、ルターはこれを「教会が建ちもし、倒れもする教理だ」と言っています。

初代教会が罪の赦しを人々に宣べ伝えたことは疑い得ない事実です。マルコによる福音書一・四は、主イエスの出現に先立って「洗礼者ヨハネが荒れ野に現れて、罪の赦しを得させるために悔い改めの洗礼を宣べ伝えた」と、記しています。罪の赦しを得させる悔い改めの洗礼、という考えは、ユダヤ教の中にはありません。ユダヤ教には洗礼がないわけではありませんが、それは浄めるという意味での洗礼なのです。更に、一・一五では、主イエスが神の福音として語ったのは「時は満ち、神の国は近づいた。悔い改めて福音を信じなさい」ということでした。そこには、罪の赦しは出ていませんが、「悔い改めて」という言葉のなかにそれは示されています。また、二・五で中風の人を主イエスが癒したとき、「子よ、あなたの罪は赦される」と、言われています。これは、赦しの宣言であり、罪の赦しは神のなさることだ、ということを表しています。これに対して、居合わせた律法学者たちがぶつぶつ言った、と記されています。

ルカによる福音書では、二四・四七に復活の主が弟子たちに与えた任務は、「罪の赦しを得させる悔い改めが、その名によってあらゆる国の人々に宣べ伝えられる」ことであると示しています。これに基づいて使徒言行録では、聖霊降臨後の使徒たちのメッセージを、二・三八で次のように記しています。「悔い改めなさい。めいめい、イエス・キリストの名によって洗礼を受け、罪を赦していただきなさい」。

パウロも、同じく一三・三八で「だから、兄弟たち、知っていただきたい。この方による罪の赦しが告げ知らされ、また、あなたがたがモーセの律法では義とされなかったのに、信じるものは皆、この方によって義とされるのです」と、述べています。つまり、初代教会は、罪の赦しを福音メッセージの中心に据えていたことは確かなのです。

ところが、これに続く使徒教父（使徒の後の教会指導者）の時代は、キリスト教の文献の中において罪の赦しは強調されていないのです。イグナティウス、バルナバ（パウロの同労者ではない）、クレメンス、ポリュカルポスなど、この人たちの手紙や『ヘルマスの牧者』『十二使徒の教訓（ディダケーという）』という文書の中には、罪の赦しは全く出ていないか、または、ごく簡単にしか触れられていません。

この中で強調されているのは、キリスト教の厳しい倫理的要求とこの世から離別することの必要性でした。そして、重大な罪に対しては回復されることのない破門が加えられました。この傾向は、新約聖書の中にも、クレメンスと同時代に書かれたヘブライ人への手紙に表われています。六・四～六はこう書いています。「一度光に照らされ、天からの賜物を味わい、聖霊にあずかるようになり、神のすばらしい言葉と来るべき世の力とを体験しながら、その後に堕落した者の場合には、再び悔い改めに立ち帰らせることはできません。神の子を自分の手で改めて十字架につけ、侮辱する者だからです」。つまり、入信後に再び堕落して信仰を失った者はもはや赦されない、と言うのです。洗礼を受ける前の罪は悔い改めと洗礼によって赦されるけれども、洗礼を受けた後の罪に対する赦しはない、と言うのです。

ジョン・バニヤンはこの言葉で絶望し、後になって漸く福音的信仰に立つことができ、多くの人に感化を与えましたが、このことは彼の『罪人の頭に恩寵溢れる』という自伝的な本に記されています。

このように、洗礼を受けた後に犯す罪は、赦されないという考えが教会の中に強くなってきました。しかし、別の見方が現れてきました。それは、教会は聖人の集団ではなく、良い者も悪い者も包み込んでいる、という考えです。こうして、今までは排除が目的であったが、今や、他のいかなるところでも見出すことのできなかった救いを見出すことができるようになりました。

しかし、教会の中には、今もこの二つの考えの衝突があります。それは、聖徒だけという排他的集団としての教会という立場と、罪人が招き入れられ救いを見出す場所としての教会、教会は赦された罪人の集まり、という考えの立場とです。ＡＤ二一七年から二二二年までローマ司教をしていたカリストゥスという人は、次のように宣言しました。「もし、罪人がまともな悔い改めと正当な償いをしたら、殺人と背教以外のすべての受洗後の罪は赦される」。これが教会の正統的な信仰となりましたが、これには厳しい反論がありました。反対が完全に排除されたのではなかったのです。今日に至るまで、教会は聖徒のみの集団である、という考えがなお存在しています。

それでは、聖書の言う罪とは何でしょうか。

旧約聖書に用いられている罪という言葉には基本的にいって次の三つがあります。

(1) ハッタート　誤り、迷い、本来あるべき姿からの逸脱、的を外すという意味です。これは、神から迷い出る、神との本来あるべき関係から逸脱する、神を正しく見ない。

(2) アーウォン　正しいものを歪める。特定の行為を意味するよりも行為の性質を表わす。歪んだ性質の行為は当然結果をともなう。私たちはこれを、犯罪として認識する。

(3) ペシャ　神への反逆。意図的な背きを表わす。

以上のように、ヘブライ語の罪とは、神とのあるべき関係を壊すことを意味します。旧約聖書の罪は律法とも関係しますが、法律的、倫理的な意味合いで把握されていません。罪とは神との関係がどうかということを意味するのです。新約聖書のギリシア語では、罪という言葉は八、九ありますが、最も多く出てくるのはハマルティアという言葉です。

このハマルティアは、旧約のハッタートと同じく的を外すことを意味します。聖書はこれを神との関係で用いました。新約聖書においても、罪とは神とのあるべき関係を壊すことを意味するのです。私たちは、このことを十分、心に留めておく必要があります。何故なら、多くの人は罪について誤解をするからです。この誤解は非キリスト者だけではなく、キリスト者においても起ります。その基本的な所は、聖書の罪、つまり、これが神との関係概念であるということと法律的、倫理的な罪との混同にあります。

これを真の罪意識と偽りの罪意識との混同と言ってもよいでしょう。〝偽り〟というのは、神についての罪認識ではないという意味での偽りです。

非キリスト者は、自分は法律的、倫理的な意味での罪を犯していないから聖書にいう罪はない、と言います。しかし、人間はこのように言いながら、自分の心の中には何がしかの罪意識を秘めています。また、キリスト者では、聖書的罪は解決された、つまり、神とのあるべき正しい関係に入っているので、法律的、倫理的な意味での罪は問題ではない、という考えがあります。それでも、人は何がしかの罪意識は秘めているのです。勿論、真の罪意識と偽りの罪意識とを人の心の中で区別することはできません。これは絡み合っています。しかし、偽りの罪意識が私たちを真の罪意識に到らせることを妨げているのです。しかも、そこから生じる罪責感は人の心を捕えるだけではなく、様々な形で肉体的、精神的に、更に行動的にその人の上に表れてくるのです。

アメリカ人シェリルの書いた『罪の心理とその救い』という本の中で、彼は、色々な人間の肉体的、精神的なトラブル、あるいは、行動的な不安は、その人の中にある罪意識から出てくる。彼はそれを隠そうとしているのだ、と言います。偽りの罪意識は私たちの中に救いをもたらしません。それはいつも裁きを感じさせるだけです。そして、裁きは私たちの中に自己防御の姿勢を生み出します。私はパウロがコリント人への手紙II七・一〇で言っている言葉をこのような意味で理解します。ここは、聖書の中にはありませんが、パウロの書いた失われた手紙（涙の手紙と言われる）があって、それを読んでコリントの教会の人々は非常に悲しんだ、そのことに関連して書かれている箇所です。こう書いています。「神の御心に適った悲しみは、取り消されることのない救いに通じる悔い改めを生じさせ、世の悲しみは死をもたらします」。

スイスの人格医学の創始者のトゥルニエはある法医学者の言葉を次のように伝えています。「犯罪者の誰一人として罪意識を表わしたものはなかった。彼らはただ一つのこと、即ち、自分は正しいということしか語らなかった」。

このことは本当のことなのです。私は国分寺教会にいたとき、毎年、関東医療少年院のクリスマス・キャンドルサービスに出ていましたが、ある会社の集会でこの少年院のことを話したとき、そこの重役が次のようなことを言いました。「私は、その少年院から少年たちにクリーニング技術を教えてほしいと頼まれた。そこで、彼らがどういう人たちかと思って、少年たちの文章を見せてもらったところ、誰一人として自分が罪を犯したと書いた者はいなかった。自分たちは正しいと書いてあった。そこで、私は、そのような人たちには教えられないと思ってその申し出を断った」。しかし、私はそうではないと思いました。彼らは、今、裁かれているのです。人は告発されれば自分も相手を告発します。彼らは、今、攻撃されているのです。攻撃されれば、悔い改めは起るはずがありません。先ほどの法医学者はこう語ったといいます。「犯罪者に、彼らにとって救いとなる罪の意識、つまり、真の罪意識が生まれるには裁きの精神によって迎えられてはいけないのであって、犯罪者としてではなく、人間として迎えられたことが彼らに感じられねばならない」。

裁き、刑罰のなかでは真の悔い改めは起きません。本当の罪意識、救いに導く罪意識は生まれてこないのです。

私は、キリスト者が自分の正しさを信じ、自覚するあまり、ともすれば裁き人になりがちなことを感じます。そして、キリスト者はその人を救わず、マタイによる福音書二七・三以下にあるような、イスカリオテのユダに対する祭司長たちのようになります。ご存じのように、ユダはイエス有罪の判決を聞いて後悔しました。そして、受取った銀三〇枚を祭司長たちに返そうとしました。彼は言いました。「わたしは罪のない人の血を売り渡し、罪を犯しました」。これに対して、祭司長たちは言います。「我々の知ったことではない。お前の問題だ」。お前の問題だ、というのは意訳しすぎで、「お前が自分で始末せよ」という意味です。そして、ユダは、自分で自分の始末をするほかなかったのです。私たちもどうかするとこういうようになるのです。

さて、私たちは、悔い改めという言葉に到りました。

今日の話の最初の所から、罪の赦しと悔い改めは結び付けられていました。「悔い改めて罪の赦しをえさせる洗礼を受ける」というように言われています。この悔い改めもしばしば誤解されてきました。つまり、これは深刻な罪の自覚と懺悔・告白というように解されてきました。しかし、私たちが本当の罪の自覚に至るには神の前に立つことこそが必要です。神に向かうことなしには、悔い改めは起きません。

私たちの念頭には、罪の自覚——悔い改め——洗礼——罪の赦しという図式がおかれています。これが固定化されています。しかし、このような図式があるわけはありません。これは悔い改めの誤解から生まれているのです。

悔い改めと訳されているメタノイアという言葉は、方向転換であり、転向なのです。私たちはそれを回心という言葉で表わします。つまり、悔い改めは今までの向きを変えて、神に、キリストに向き変わることを意味します。こうして、神との正しい関係が結び直されます。そして、そこに罪の自覚が生じ、罪の赦しがもたらされる、あるいは、罪の赦しが先にあって、それに伴い、罪の自覚が生じるということになります。勿論、悔い改めは単なる方向転換ではありません。それは今までの生き方が間違っていたという認識と、これは自分の責任であるという自覚を生みます。そして、具体的には、生の在り方についての転換をもたらします。その意味で、悔い改めは存在自体のメタノイアなのです。

これと関連して、贖罪について述べておきたいと思います。

罪を贖《あがな》うということは、罪の赦しの別の側面です。

旧約聖書では、〝贖う〟とは、奴隷を代価を払って買い戻すという意味で用いられます。これは奴隷にとっては存在の転換です。これが犠牲と結び付けられたとき、贖罪、すなわち、罪の贖いのための献げものという形で用いられることになりました。

新約聖書の用語では、言葉の本来の意味の解放という意味で用いられています。ただ、ヘブライ人への手紙だけが祭儀における贖いの意味を強調しています。祭司が罪の贖いのための献げものを献げる。これは毎年献げられなければならないが、イエスはご自身の身体を献げられたので、最早、動物による犠牲の献げものは必要とされなくなりました。イエスご自身による一回限りの犠牲の献げものによりこの贖いは完全に成し遂げられたのです。ヘブライ人への手紙はそう強調します（七・二六、二七ほか参照）。

しかし、解放とは罪からの解放であり、また、罪が私たちと神との間を隔てているのであれば、この解放は罪を取り除き、もう一度、私たちと神との間にある断絶を結び直すことを意味します。これを別の言葉で言えば、和解ということになります。

しかし、私は、贖いというものの持つもう一つの側面、つまり、代償が支払われることの重要性を見逃すことができません。罪の赦しは、単に罪を不問に付するということではありません。一つには、メタノイアすなわち、悔い改めを伴います。先に述べたように、悔い改めは今までの方向が間違っていたという認識と、これは自分の責任なのだという自覚であるとするならば、人はその認識と自覚を得る時と場所が必要となります。そして、これが教会なのです。従って、メタノイアを伴わない、または、メタノイアを目指さない赦しは無意味なのです。もう一つは、神に対する根本的な罪ではなく、人に対する罪は自ら償うことによってのみ、その罪責感を拭い去ることができるのです。

トゥルニエは独りの障害児のことを述べていますが、父親は彼に劣等感を持たせないようにと、この子を寛大に取り扱いました。しかし、後にこの子は、自分が障害者であるという自覚を持つために精神科医の助けを借りねばならなかった、と述べ、そして、この精神科医は、この子の父親に「あなたはこの子の重荷を軽くしようとしてかえって重くしてしまった。この子がいけないことをしたときには罰を授け、償わせるべきであった。彼はあなたが寛大であったために、かえって取り除かるべき罪の重荷を心の中に持ってしまった」と言った、と書いています。

私は、獄中でキリスト者となった死刑囚が信仰の友となった人々に、決して助命嘆願などはしないでほしい、と願っていることに心を打たれました。彼らは罪の赦しを信じ、神によって、キリストにおいて受け入れられていることを信じ、平安を得ています。しかし、自分の人に対して犯した罪は、償われることによって平安を与えられることを知っているのです。私は死刑は反対ですが、このことは見失ってはならないことだと考えています。そうでないと、罪責感は何時までも心の中に残ってしまうことになります。

さて、罪の赦しをイエス・キリストを通して与えられた者たちは、罪なき義人となって神の前に立っているよりも、赦された罪人として神の前に立っています。このことなしには、私たちは他の人たちに対して、相手の罪を裁く人として立つことになります。たとえ私たちが他の人に忠告するようなことがあっても、それは相手を責めることでも、裁くことでもなく、目的は神への、キリストへの立ち帰りであります。それがもたらされるのは、相手を受け入れること、自分もまた同様にキリストによる赦しを必要としている、という認識から生じるのです。

私たちが最初に考察したように、罪の赦しは洗礼と結び付けられていました。使徒言行録二・三七、三八。ここは最初の聖霊降臨の時、人々は心を打たれてペトロたちに「わたしたちはどうしたらよいのですか」と尋ねた。すると、ペトロは言った。「悔い改めなさい。めいめい、イエス・キリストの名によって洗礼を受け、罪を赦していただきなさい」とあります。ここに見られるように、罪の赦しと洗礼とはワンセットであります。そのゆえに、AD三八一年のニケア・コンスタンティノポリス信条はこう告白します。「我らは罪を赦す唯一の洗礼を受け入れ、信ず」この告白は決して非聖書的ではありません。エフェソの信徒への手紙四・五は「主は一人、信仰は一つ、洗礼は一つ」と言います。洗礼は罪が赦されていることの表象です。つまり、神により、キリストにおいて神に結び直されていることのしるしなのです。ルターは試練にあったとき、白墨をとって机の上に「自分は洗礼を受けている」と書いたと言われます。罪の赦しについては、私たちは洗礼を受けているという事実に依り頼むことを許されているのです。しかし、今日、洗礼はこのように理解されていないのではないか、と思わされます。加藤常昭牧師の本に、同牧師があるキリスト者の学生集団に対して、「諸君が救われているということの根拠はどこにあるか」と問うた時、当然そこに予想されて然るべき受洗の事実を語ったものは一人もいなかった、と書いていました。そして、ここに今日の教会の現状が現われている、と言われます。

洗礼は罪の赦し、つまり、神がキリストにおいて決定的に受け入れてくださることのしるしです。そうなると、洗礼後に再び犯す罪はどうなるのか、という問いが出てきます。私はこのことについてマタイ一八・一五～三六とルカ一七・三、四に注目したい。ここでは、教会の中における罪の赦しについて述べられていますが、イエスは言われます。「兄弟があなたに対して罪を犯したら、行って二人だけの所で忠告しなさい。……聞き入れなければ、ほかに一人か二人、一緒につれていきなさい。……それでも聞き入れなければ、教会に申し出なさい。教会の言うことも聞き入れないなら、その人を異邦人か徴税人と同様に見なしなさい」。そして、二一節以下でペトロがイエスに聞きます。「主よ。兄弟がわたしに対して罪を犯したなら、何回赦すべきでしょうか。七回までですか」。これに対して、イエスは答えられます。「あなたに言っておく。七回どころか七の七十倍までも赦しなさい」。この赦しの背後には、私たち自身が比べようもない大きな罪を神から赦していただいている、という事実があります。そのことが、赦さなかった家来の譬えで示されています。ルカはもっと端的に述べています。「あなたがたも気をつけなさい。もし、兄弟が罪を犯したら、戒めなさい。そして、悔い改めれば、赦してやりなさい。一日に七回あなたに対して罪を犯しても、七回、『悔い改めます』と言ってあなたのところに来るなら、赦してやりなさい」。この言葉の背後には、文字通り、一日七回罪を犯しても七回悔い改めるならば赦してくださる神の、キリストの愛があるのです。

このことはマタイによる福音書では、兄弟たちに対して、と言うので、当然洗礼を受けた者たちに対して、ということになります。それでも、なおそれは赦さるべきだ、と言うのです。そして、このことは神の基本的な受け入れに基づいています。私たちはこの意味で「罪の赦しを信ず」と告白いたします。

神の赦しは、また、〝義とされること〟です。これは義化と呼ばれています。しかし、これは私たちにおける救いの業の始まりなのです。従って、このことは身体の甦り、永遠の生命へと続いて行きます。

身体の甦りとは、新しく生まれるということと関連しています。ただ単に、死後の復活ではありません。それは新しく創られることを意味します。ローマの信徒への手紙八・二三は言います。「被造物だけでなく、霊の初穂をいただいているわたしたちも、神の子とされること、つまり、体の贖われることを、心の中でうめきながら待ち望んでいます」。また、ヨハネによる福音書三・三でイエスはファリサイ派の議員であるニコデモに言われます。「はっきり言っておく。人は、新たに生まれなければ、神の国を見ることはできない」。なお、主イエスは、しばしば「アーメン、わたしはあなたたちに言う」と言われています。新共同訳は、これを〝はっきり言っておく〟と訳していますが、これではイエスが言われた言葉の内容を十分に伝えているとは言えません。文語訳は〝真に、我、汝等に告ぐ〟としています。これは、〝アーメン〟という言葉です。

更に、三・五で、イエスは「はっきり言っておく。だれでも水と霊とによって生まれなければ、神の国に入ることはできない」。ここでは、新しく生まれることが強調されています。この新しく生まれるということは、ローマ八・二三にあったように、霊の初穂をいただいているわたしたちも、体の贖われることをうめきながら待ち望む、というように、一つのプロセスであります。私たちはこのことを聖化と呼んでいます。

聖化という事柄は、決して私たちが清らかになるということではありません。私たちは、信仰の歩みをなしてゆく、霊において歩んでゆく間に、次第に、より一層自分たちの罪について知るようになり、同時にそのことを通して、いよいよキリストの赦しの深さが一層分かることになります。

パウロが「罪が増したところには、恵みはなお一層増し加わります」（ローマ五・二〇）と言ったのはそういう意味であります。

従って、この聖化の終りには、私たちが立派になることよりも、一層罪について知る、さらに赦しの深さ・大きさについて知り、いよいよイエス・キリストから離れられなくなり、いよいよ感謝の念が増し加わることを、意味しています。このようなことによって私たちは霊によって新しく創られることが起ってくるのです。このことなしには、甦りということは私たちにとって意味を持ちません。

さて、この後はどうなるのか。

ローマの信徒への手紙八・三〇「神はあらかじめ定められた者たちを召し出し、召し出した者たちを義とし、義とされた者たちに栄光をお与えになったのです」とあります。

パウロはここで義化から栄化（栄光を与えられる）へ、と言っています。そう理解すると、永遠の生命とは、神ご自身の生命にあずかることであり、その生命が私たちの中にあって生きてくださることを意味することになります。こうして私たちはキリストと同じ姿に化せられる。その栄光の姿に化せられることになります。ヨハネの手紙Ⅰ三・一～三「御父がどれほどわたしたちを愛してくださるか、考えなさい。それは、わたしたちが神の子と呼ばれるほどで、事実また、そのとおりです。世がわたしたちを知らないのは、御父を知らなかったからです。愛する者たち、わたしたちは、今既に神の子ですが、自分がどのようになるかは、まだ示されていません。しかし、御子が現れるとき、御子に似た者となるということを知っています。なぜなら、そのとき御子をありのままに見るからです。御子にこの望みをかけている人は皆、御子が清いように、自分を清めます」。

永遠の生命とは、私たちが何時までも死なないということではありません。永遠という言葉は神についてのみ用いられる言葉なので、私たちが永遠の生命を与えられるということは、私たちが神の生命の中に受け入れられることであり、また、私たち自身が神の栄光のなかに入れられる、ということなのです。

この義化・聖化・栄化ということは、教会と結び付いていることは疑い得ないことです。そして、これらのことは聖霊の働きとして私たちのなかに引き起こされるのです。それは、聖霊ご自身のなされることであり、私たちが努力することではありません。

こうして、私たちは、罪の赦しに続いて体の甦り、永遠の生命を信ず、と告白するのです。

あとがき

これは、一九九六年一二月から九八年三月にかけて、東所沢教会の家庭集会で話されたものです。月一回の集会であり、出席者も固定していませんでしたから、繰り返しが多くなりました。読みにくいところもあると思いますが、お許し下さい。

私は使徒信条に大変惹かれるものを感じています。私が育った教会は日本組合芦屋基督教会でした。教団の成立により、日本基督教団芦屋打出教会となりました。組合とはどういうところからつけられたのかわかりませんが、会衆派(congregational)のことです。残念ながらこの教会は、今は存在していません。

組合教会には、使徒信条を唱和する習慣はありません。もっとも組合教会は、各個教会主義でしたから、教会によっては使徒信条を用いていた教会もあったようですが、私の母教会では用いていませんでした。従って、存在は知っていましたが、使徒信条そのものを自覚的に告白したことはありませんでした。

一九五一年（昭和二六年）九月、カール・バルトの『教義学要綱』（井上良雄訳）が出版された時、私は早速購入して読み、深い感銘を受けました。もちろん私は、バルトの最初の使徒信条講解『われ信ず』（桑田秀延訳）は読んでもいたのですが、何とも読みずらいものでしたから、感銘を受けるには至りませんでした。『われ信ず』の原著は一九三五年（昭和一〇年）の出版（邦訳は昭和二四年一〇月の出版）ですが、『教義学要綱』は一九四六年（昭和二一年）夏に講義がなされ、一九四七年（昭和二二年）に出版されました。前者は読まれるために書かれ、後者は語られたものが書物になったので、その雰囲気が伝わってきます。一九四六年と言えば、文字どうり終戦直後であり、バルト自身「原始的状態にあるドイツに接し、『読ま』ずに『語る』ことが必要だった」と書いているように、私は自分たちの状況の中でこれを聴くことができたのだと思います。しかもその前年一九五〇年（昭和二五年）は、私が按手礼を受けた年であり、翌二七年小樽公園通教会の牧師となりました。こうして私は、使徒信条を教会の礼拝の中で告白するようになったのです。

ご承知のように、使徒信条は「聖書の使信の要約」と呼ばれていますが、まさに創世記から黙示録までがこれに含まれており、そして教会暦もこれに沿って展開されています。またルター以来のいろいろの信仰問答でも、その主要な部分となっています。

私は今日までに、松山教会と国分寺教会で、それぞれ一回づつ使徒信条の講解を手がけてきました。東所沢教会でのものが三回目となりますが、今までとは違った形で取り上げることにしました。ひとつには、ほかの信条に対して使徒信条の占める位置と、それが教会で告白されることの意義を、少しでも明らかにできればということと、もうひとつには、私たちが、「われ…信ず」と告白することは、私の生きることにどのような意味を持っているかを、少しでも明らかにできればということです。汲み取って頂ければ幸いです。

出版に当たっては、東所沢教会の隅谷季雄さんに負うところ大きいものがあります。隅谷さんは、小手指集会における私の話を録音し、テープから起こし、重複している文章を整理し、ワープロで打ち出したものを、印刷して配付して下さいました。これがなければ、不精な私には、到底出版などなし得なかったでしょう。心から感謝致します。

また、他の説教集同様、ヨベルの安田正人さんと、彼の妻であり私の娘であるゆりかとが、文章を点検し、整え、校正して下さったことに感謝致します。

二〇〇一年八月二六日　山下萬里

山下萬里（やました・ばんり）
1924年兵庫県・神戸市生。1945年同志社大学文学部神学科卒業。
1950年按手礼ー日本基督教団正教師。
1946年弓町本郷教会伝道師、1949年札幌北光教会副牧師
1952年小樽公園通り教会牧師、1960年松山教会牧師（四国教区総会議長歴任）
1970年国分寺教会牧師、1986年東所沢教会牧師（開拓伝道）
2000年４月より日本基督教団東所沢教会名誉牧師。

主な著書　『出会いの贈り物　山下萬里説教集上』2000.
『光の中の創造　山下萬里説教集下』2000.
説教集Ⅰ『平安をつたえる群れー神の息に生かされて』1988.
説教集Ⅱ『出発ー主、備えたもう』1988.
説教集Ⅲ『恐れるなー選びにこたえて』1990.
説教集Ⅳ『土の器ーみ言葉にゆだねて』1991.（共にヨベル刊）
『死の陰の谷を歩むとも』（共著）1983.
『新しい教会暦と聖書日課』（共著）1999.（共に日本キリスト教団出版局刊）

われ信ず——現代に生きる使徒信条

2001年９月20日　初版発行

著　者ー山下萬里
発行者ー安田正人
発行所ー株式会社ヨベル　YOBEL Inc.
東京都文京区本郷4-2-3　Tel 03-3818-4851
印刷・製本所ー文唱堂印刷株式会社
定価はカバーに表示してあります。

落丁本・乱丁本は小社宛にお送りください。送料小社負担にてお取り替えいたします。

配給元ー日キ販　東京都新宿区新小川町9-1　振替00130-3-60976　Tel 03-3260-5670
 ISBN4-946565-04-3　Printed in Japan